Pourquoi les Françaises ont-elles souvent des enfants hors mariage ?
Évolution de la famille et des politiques familiales en France et au Japon

フランス女性はなぜ結婚しないで子どもを産むのか

井上たか子 編著
神尾真知子・小島宏・小林省太・齊藤笑美子・二宮周平・上野千鶴子

keiso shobo

はじめに

日本では少子化の原因として、晩婚化とそれにともなう晩産化があげられることが多い。しかし、同じように晩婚化・晩産化の傾向が進んでいるフランスでは、ヨーロッパでも一、二を競う出生率を誇っており（二〇一〇年出生率は二・〇一）、子どもを育てやすい国というイメージが高まっている。また、それと同時に、「婚外子」の増加も注目を集めている。フランスでは、女性たちは結婚という制度にとらわれずに子どもを産んでいるのである。もっとも、「結婚していない」ということの意味も、日本とは大分事情が違うようだ。彼女たちはいわゆる「未婚の母」ではなく、たいていは子どもの父親とカップルで暮らしている。つまり、日本でいう同棲、あるいはパックス（一九九九年に制定された連帯民事契約）を結んでいる場合が多い。共同生活を婚前同棲で始めるカップルは、一九六〇年代の半ばには一〇％であったのが、一九九〇年代半ばには九〇％になり、法律婚をしているカップルもたいていは事実婚の時期を経験している。最初から結婚するカップルは一〇組に一組で、マリアージュ・ディレクト（直接結婚）という言葉が生まれているほどである。こうして、「婚外子」は増え続け、二〇〇七年には生まれてくる子どもの半数を超え、二〇一〇年には五四・五％に達している。それにしても、婚外子として生まれてきた子どもに対する差別はないのだろうか。

フランスでは家族が崩壊しているのではないかと、不安をいだく人もいるかもしれない。しかし、フランス人にとって、家族の価値は決して失われていない。フランス国立統計経済研究所の調査（二〇〇三年）によると、「あなたにとって最も重要なものを三つあげてください」という問いに「家族」と答えた人は八六％にのぼり、二位の「職業」四〇％、三位の「友人」三七％を大きく引き離している。問題は、一口に家族といってもその中身、それがイメージするものはひとつではないということである。伝統的・標準的な家族が減少したからといって、家族の重要性が失われたわけではない。

とはいっても、カップル関係は不安定であり、永遠に続くわけではないという現実もある。離婚数は増加し続けており、誰もがいつでも母子家庭になる可能性は大きい。そうなったとき、経済的に一人で育てられるだろうかという問題だけでなく、働いているあいだ誰に子どもの世話を頼めばよいのかという問題もある。そうした問題を解決するためには、どんな家族形態であっても平等に、否むしろ母子家庭にはより手厚く、政府による子育て支援が行われることが重要である。子育ての責任が女性にのみ問われるのではなく、たとえ離婚するようなことになっても、一人で子どもを育てることを支援するような社会であれば、安心して子どもを産めるのではないだろうか。

本書では、こうした観点から日仏の家族の変容とそれに対応する家族政策に焦点を当てる。日仏の家族観、結婚制度、子育てに対する国の支援などの比較を通して、知られているようで意外に知られていないフランス女性の実情を明らかにしたい。日本とは異なる面を知ることで、私たちのまわりにある問題に気づき、その解決策を具体的に考えてみるヒントになることを願っている。

なお、本書は、二〇一一年一一月一二日に公益財団法人日仏会館（東京・恵比寿）の主催で開催された日仏講座を出発点としており、第1～5章はそのときの講師の方々に執筆いただいた。第1章では日本経済新聞の小林省太氏に少子化問題と結婚制度という視点から、社説「日本の『結婚』は今のままでいいのか」（二〇〇九年六月二八日付）の狙いと反響について、第2章では比較人口学の小島宏氏に日仏の同棲の動向と出生への影響、フランスのパックスの要因と結婚・同棲との関連について現状を報告していただいた。第3章と第4章では家族法の立場から、日本については二宮周平氏に、フランスについては齊藤笑美子氏に論じていただいた。第3章では、日本でも家族をめぐる現実は大きく変化しているにもかかわらず相変わらず根強く残っている婚姻規範とそれを支える法制度の問題について一九四七年の民法改正に遡って解明すると同時に今後の方向性についても提言されている。また、第4章ではフランスの家族法におけるカップル法と親子法の分離、両親がいかなる関係にあるかは子どもの地位と無関係であることが指摘され、さらに生殖医療の進歩が親子関係にもたらしている影響についても言及されている。第5章では家族政策の観点から、神尾真知子氏にフランスの家族給付制度に焦点を当てて、特定の家族モデルを前提としていないこと、女性の就業を推進していることといった特徴について日本の制度とも比較しながら説明いただいた。第6章は本書のために新たに加えたものである。婚外子の問題とひとり親家庭の問題はフランスではかならずしも直結していないが、日本の読者の関心に応えられれば幸いである。全体討論は、上記の日仏講座当日の五つの報告に対する上野千鶴子氏によるコメントとそれに続く討論をほぼ忠実に採録している。

井上たか子

なぜフランス女性は結婚しないで子どもを産むのか

目次

第1章　社説「日本の『結婚』は今のままでいいのか」の狙いと反響

小林省太

はじめに

本書では専門家の方々がそれぞれの立場からフランスや日本の少子化対策、家族問題について論じている。新聞記者の立場からは、二〇〇九年の春に日本経済新聞に掲載した社説「日本の『結婚』は今のままでいいのか」の狙い、反響などを紹介することで、少子化問題や結婚制度についてフランスとの比較でどんな点に注目すればいいのかを考えるための露払い役を務めたいと思う。

一　シリーズの狙い

この社説は二〇〇九年五月から六月にかけて掲載した六本のシリーズ社説「チェンジ！　少子化」の最終回である。すでにずいぶん時間がたってしまったが、問題の本質はまったく変わっていないと思う。日本にとって少子化対策は、依然として喫緊の政策課題のひとつである。

社説

・文字どおり社の論で、それぞれのテーマについて新聞社の立場や意見を明らかにする欄。したがって無署名が原則。フランスのル・フィガロ紙は例外的に署名入りで、最近までは記者の顔写真入りという珍しい体裁だった。日本の新聞は記者の名前を入れていない。

・担当するのは論説委員会、論説委員室といった組織で、そこに属する記者（論説委員）が議論をしながら取り上げるテーマ、主張の中身などを決めていく。政治、経済、国際、社会、科学、地域などさまざまな専門分野をもち、社論をつくるという論説委員の性格上、あまり若い記者はいない。若くとも記者歴二〇年以上、四〇歳代以上というイメージだろうか。

・日本の新聞は社説を毎日二本ずつ掲載することが多い。テーマが決まれば詳しい記者が議論を主導し、門外漢もそれぞれの立場から意見を言い合って記事の骨格を決めていく。議論の過程で、素人の視点や疑問も加味されていくわけだ。

・社説のなかには、記者が複数で取り組む大きなテ

この社説を掲載してまもなく、二〇〇九年の九月に民主党が政権をとった。その政策の目玉のひとつが「子ども手当」だった。その後、仕組みや名称さえも毎年のようにくるくる変わったのを見れば、重要であるにもかかわらず、少子化対策がいかに一筋縄ではいかないかがわかる。

なぜ少子化を食い止めなければならないのか。もちろん、子をつくるかつくらないか、誰も強制はできないし個々人の人生観、文化観に属することでもある。少子化？　構わないではないか、という意見もあるだろう。しかし、子どもが減っていくことは決して望ましいことではない、という論説委員会のなかの共通認識から、このシリーズの企画はスタートした。以下のような理由からである。

少子化というのは将来の人口減少を意味し、人口の高齢化とセットになっている。そして、

ーマがある。東日本大震災は典型だろう。被災地の復旧・復興、被災者支援、原子力発電所の今後とエネルギー問題、国と地方の関係、防災、国際協力などあらゆる分野の知恵を動員することが必要になる。「少子化問題」もそうしたテーマのひとつとして取り上げた。論説委員が束になって考えねばならない重要な課題だという共通の認識があったからである。

人口減少は国の行く末に極めて重大・深刻な影響をもたらす。にもかかわらず、人口減少というのは急激ではなく緩慢な動きなので目に見えにくい。いつのまにか人口が減り、高齢者の割合が極端に高くなっていることになる。（図表1－1～3）放っておけば気づいたときには手遅れになる。ゆっくり減った人口は、ゆっくりに

図表1－1　日本の総人口の推移と将来推計

年　　次	人　　口 (1,000人)	年平均人口 増加率（%）
1872（明治5）	34,806	
1900（　33）	43,847	0.83
1920（大正9）	55,963	1.23
1925（　14）	59,737	1.31
1930（昭和5）	64,450	1.53
1935（　10）	69,254	1.45
1940（　15）	71,933	0.76
1945（　20）	72,147	0.06
1947（　22）	78,101	4.04
1950（　25）	83,200	2.13
1955（　30）	89,276	1.42
1960（　35）	93,419	0.91
1965（　40）	98,275	1.02
1970（　45）	103,720	1.08
1975（　50）	111,940	1.54
1980（　55）	117,060	0.90
1985（　60）	121,049	0.67
1990（平成2）	123,611	0.42
1995（　7）	125,570	0.31
2000（　12）	126,926	0.21
2005（　17）	127,768	0.13
2010（　22）	128,057	0.05
2015（　27）	126,597	-0.28
2020（　32）	124,100	-0.47
2025（　37）	120,659	-0.61
2030（　42）	116,618	-0.72
2035（　47）	112,124	-0.82
2040（　52）	107,276	-0.92
2045（　57）	102,210	-0.99
2050（　62）	97,076	-1.05
2055（　67）	91,933	-1.08
2060（　72）	86,737	-1.16

注：1945～70年は沖縄県を含まない。2015年以降は2012年1月の推計、出生率、死亡率を中位と仮定したもの
作成：小林省太
参照：総務省統計局「国勢調査報告」、国立社会保障・人口問題研究所「日本の将来推計人口」。一部を除き10月1日現在

図表1-2　総人口，人口増加率の現状および将来推計：1947〜2060年

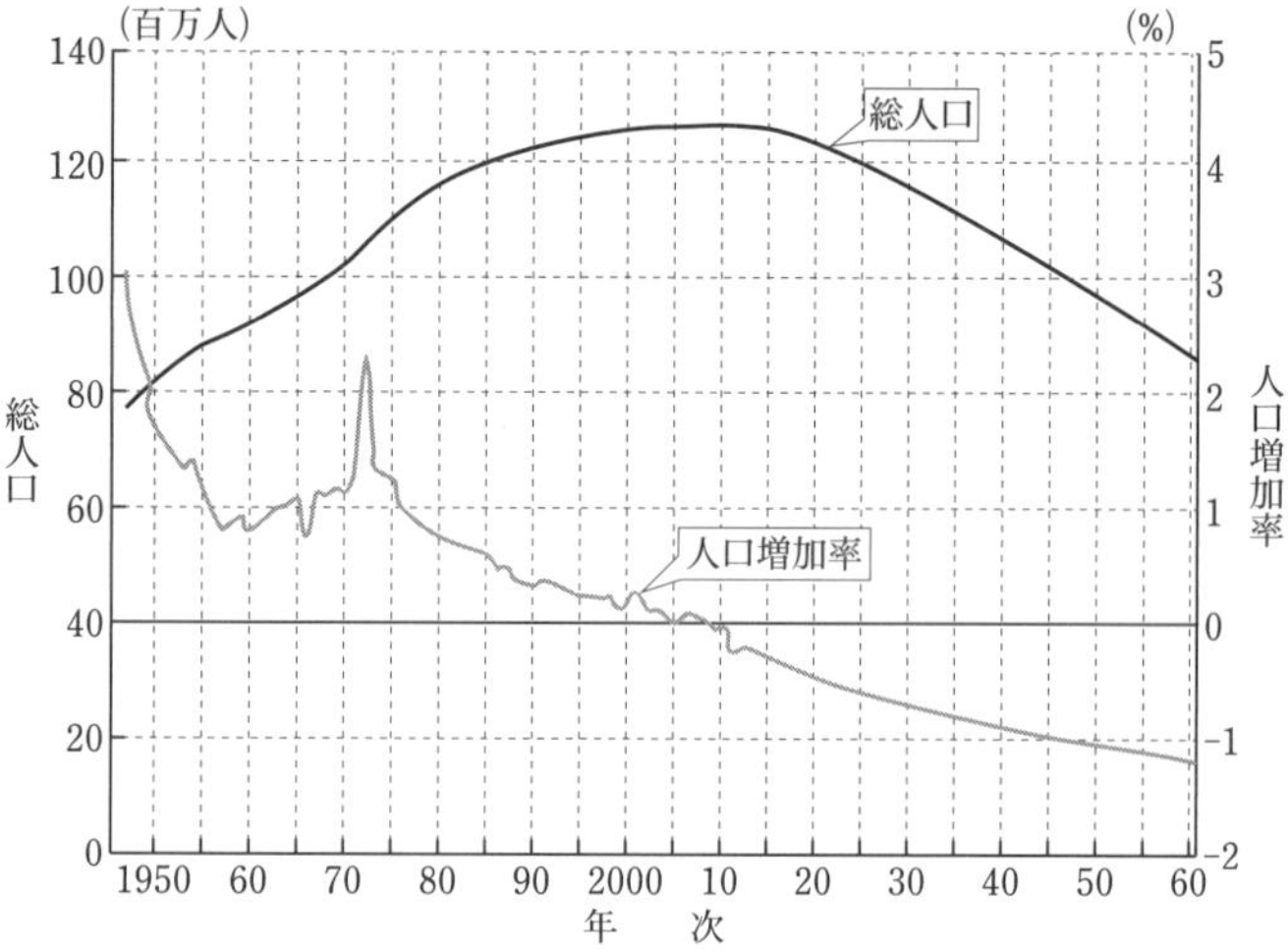

出典：総務省統計局『国勢調査』および国立社会保障・人口問題研究所『日本の将来推計人口』（平成24年1月）。国立社会保障・人口問題研究所『人口統計資料集』

しか戻らないからである。

　では、人口減少はどんな影響をもたらすのだろうか。人口が減り、若い人が少なくなって高齢者の割合が増えても、そうした実情に対応した国の形をつくればいいという考え方もある。しかし、それは果たして可能なのだろうか。

　人口が減るということは将来的に生産者、消費者、納税者が減るということだ。一言でいえば、国が縮んでいくということである。

　平均寿命が延び、人が長生きできるのは素晴らしいことである。人が住みやすいことの証しにもなろう。しかし、長寿社会と人口の高齢化とは別の話だ。高齢化社会とは、人口に占める高齢者の割合が高まって、彼らの長寿を支える役目を担う若い人たちが減ってしまうということである。年金や

図表1-3　日本の総人口と年齢別の人口及び割合の将来推計

年次	人　口（1,000人）				割　合（%）		
	総数	0〜14歳	15〜64歳	65歳以上	0〜14歳	15〜64歳	65歳以上
2010（平成22）	128,057	16,839	81,735	29,484	13.1	63.8	23.0
2011（平成23）	127,753	16,685	81,303	29,764	13.1	63.6	23.3
2012（平成24）	127,498	16,493	80,173	30,831	12.9	62.9	24.2
2015（平成27）	126,597	15,827	76,818	33,952	12.5	60.7	26.8
2020（平成32）	124,100	14,568	73,408	36,124	11.7	59.2	29.1
2025（平成37）	120,659	13,240	70,845	36,573	11.0	58.7	30.3
2030（平成42）	116,618	12,039	67,730	36,849	10.3	58.1	31.6
2040（平成52）	107,276	10,732	57,866	38,678	10.0	53.9	36.1
2050（平成62）	97,076	9,387	50,013	37,676	9.7	51.5	38.8
2060（平成72）	86,737	7,912	44,183	34,642	9.1	50.9	39.9

参照：国立社会保障・人口問題研究所「人口統計資料集」各年10月1日現在。出生率死亡率を中位と仮定

医療・介護保険など社会保障の仕組みが有効に機能するかどうかは、世代ごとの人口のバランスと密接にかかわっている。社会保障というのは、若い世代が高齢者を支え、自分たちも年をとったら次の世代に支えてもらうという仕組みだ。国が縮み、高齢者が増えて若い世代がどんどん減っていけば、こうしたシステムが破綻するのは目に見えている。

二〇一一年九月に就任した野田佳彦首相の得意な比喩に、若い世代が高齢者を支える社会保障制度は胴上げ型から騎馬戦型、そして肩車型に変わっていくというのがある。支える側の人数が減っていくからだ。そうした傾向はすでにあらわれ、今後どんどん顕著になっていく。社会保障の仕組みは現に破綻しつつあるのである。

どうすれば少子化の流れが変わるか。これははっきりしている。ひとつしかない。子どもをたくさんつくることだ。子どもを何人つくるかということは、晩婚、晩産、非婚の傾向ともあわせて考えれば、突きつめる

図表1-4　世界の主要地域別合計特殊出生率の推計：1950〜2015年

地域	1950〜55年	1970〜75年	1990〜95年	2000〜05年	2010〜15年
世界全域	4.95	4.45	3.04	2.62	2.45
先進地域[1)]	2.81	2.16	1.66	1.58	1.71
発展途上地域[2)]	6.07	5.37	3.39	2.82	2.57
アフリカ	6.60	6.67	5.62	4.94	4.37
アジア	5.82	5.00	2.97	2.41	2.18
東アジア	5.59	4.36	1.97	1.65	1.56
中国	6.11	4.77	2.01	1.70	1.56
中央アジア	4.64	4.63	3.55	2.55	2.46
南アジア	6.06	5.57	3.97	3.04	2.57
インド	5.90	5.26	3.72	2.96	2.54
東南アジア	6.05	5.62	3.11	2.45	2.13
西アジア	6.10	5.60	4.04	3.18	2.85
ヨーロッパ	2.65	2.17	1.57	1.43	1.59
ロシア	2.85	2.03	1.55	1.30	1.53
ラテンアメリカ[3)]	5.86	5.02	3.02	2.53	2.17
ブラジル	6.15	4.72	2.60	2.25	1.80
北部アメリカ	3.33	2.05	1.96	1.99	2.04
オセアニア	3.81	3.30	2.49	2.41	2.45

注1)：ヨーロッパ、北アメリカ、日本、オーストラリアおよびニュージーランド
　2)：先進地域以外の地域
　3)：カリブ海諸国、中央アメリカおよび南アメリカを含む
出典：UN, *World Population Prospects: The 2010 Revision*（中位推計）

と「私の自由」「あなたの自由」であって、「産めよ殖やせよ」などと号令を掛けられる時代ではない。しかし、人が日本の未来をどんなふうに描くかによっても変わってくるだろう。未来を悲観的に予想すれば、子どもを未来に置いてみることに躊躇するかもしれない。だから、明るい未来を示すことが国をあげての義務にもなるのだ。

子どもをつくるということを直接的にとらえれば、性意識や避妊、不妊治療、人工妊娠中絶などの問題も避けて通れない。

人々が未来にわたって満足できる生活を送っていくためには、国が健全に成長を続けることが不可欠である。そうした観点からすれば、少子化は解決しなければならない重要な課題である。

「人がもっと子どもをつくるためにはどうすればいいのか」について提言することもおおいに意義あることだ。そうした趣旨で、「チェンジ！　少子化」と題したシリーズ社説が具体化していった。具体的には「子どもをつくりたくなる」「子どもをつくりやすくなる」ための条件は何か、を考えていくことで、問題解決へのヒント、道筋を示すということである。

「子どもを増やすため」を第一に据えるのだから、論旨のなかには極論と受けとめられ、批判される点も出てくる。しかし、何かを犠牲にしても子どもは増やさなければならないということを読者にわかってほしい、そんな考えもあった。

世界の人口は昨年、推計で七〇億人に達し、なお増え続けている。発展途上地域、なかでもアフリカの出生率の高さは際立っている。そして、そのことが地球規模での食料・資源不足や貧困、環境問題などを引き起こしているのは間違いない。

一方で、先進国にほぼ共通する悩みが人口減少だ。先進地域全体をみると、女性が一生の間に産む子どもの数を示す合計特殊出生率は過去四〇年ほどにわたって二・〇を割り込んでいる。そんななか、注目したのが先進国では例外ともいえるフランスの姿である。

テーマの中心は日本の少子化問題であってフランスの政策や社会の分析ではない。フランスはあくまで日本の課題を際立たせ対策の方向を見出すための材料である、という位置づけであった。ただ、誰もが気づいたのはフランスの出生率の高さである。二・〇前後という数字は日本の一・三台とは大差であり先進国のなかで目立っている。もうひとつ、フランスには結婚していないカップルから生まれた「婚外子」の割合が日本に比べて圧倒的に多いという事実があった。日本といったい何が違うのか。フランスの現実を見つめることが日本の少子化対策のヒントになると考えたのは、そうした理由からである。

二　シリーズの構成

シリーズ社説の一回目から五回目までの見出しと簡単な内容は以下のとおりである。

①　人口危機の克服へ緩やかな出生目標を（五月四日）

急激な人口減少を防ぐため、合計特殊出生率に緩やかな目標・指針を定めてはどうか。日本の出生率は社説を掲載した二〇〇九年は一・三七、翌二〇一〇年は一・三九だった。この数字を一〇年ほどかけて一・六に、五〇年かけて二・〇強に戻すことを目標にする決断が必要なのではないか。人口を維持していくためには出生率二・〇七が必要だといわれており、その数字には遠く及ばないが、この目標を満たせれば人口は現在より三〇〇〇万人ほど少ない九〇〇〇万人くらいで安定する（**図表1―1～6**）。

②　規制緩和で多様な保育サービス充実を（五月五日）

少子化克服のためには、女性が働きながら結婚して子どもを産み、育てられる環境の整備が欠かせない。厳しい認可基準で保育所の新設を制限するだけでなく、自治体や民間、非営利組織（NPO）などが多様な保育サービスを提供できる仕組みをつくれる施策が必要ではないか。既存の保育団体が既得権を守るため、「保育の質の低下」を錦の御旗に規制緩和に反対するようなことがあっ

図表1-5　主要先進国の合計特殊出生率：1950〜2010年

	1950	1960	1970	1980	1990	2000	2001	2002	2003	2004	2005	2006	2007	2008	2009	2010
アメリカ	3.02	3.64	2.44	1.84	2.08	2.06	2.03	2.01	2.04	2.05	2.05	2.10	2.12	2.09	2.01	…
イギリス	2.19	2.57	2.43	1.89	1.84	1.64	1.63	1.64	1.71	1.78	1.79	1.84	1.90	1.96	1.94	…
イタリア	2.52	2.29	2.43	1.62	1.36	1.26	1.25	1.27	1.29	1.33	1.32	1.35	1.37	1.41	1.41	…
オーストラリア	3.06	3.45	2.86	1.90	1.91	1.76	1.73	1.76	1.75	1.76	1.79	1.82	1.92	1.96	1.90	…
カナダ	3.37	3.81	2.26	1.71	1.83	1.49	1.51	1.50	1.53	1.53	1.54	1.59	1.66	1.68	…	…
スウェーデン	2.32	2.17	1.94	1.68	2.14	1.57	1.57	1.65	1.72	1.75	1.77	1.85	1.88	1.91	1.94	1.98
スペイン	2.46	2.81	2.82	2.20	1.33	1.23	1.24	1.26	1.31	1.33	1.35	1.37	1.40	1.46	1.39	1.39
ドイツ	…	2.37	2.03	1.56	1.45	1.38	1.35	1.34	1.34	1.36	1.34	1.33	1.37	1.38	1.36	1.39
日本	3.65	2.00	2.13	1.75	1.54	1.36	1.33	1.32	1.29	1.29	1.26	1.32	1.34	1.37	1.37	1.39
フランス	2.90	2.70	2.47	1.99	1.78	1.88	1.88	1.87	1.88	1.90	1.92	1.98	1.96	2.00	1.99	…

出典：UN Demographic Yearbook。日本は国立社会保障・人口問題研究所「人口問題研究」

てはならない。

③　出産への不安ぬぐう医療体制整備を（六月一日）

産科、小児科医の不足が問題になっている。安心して子どもを産み、育てるための土台である医師が足りずに女性が妊娠をためらうようでは少子化は解決しない。過酷な勤務、医療過誤で訴えられるリスク、女性医師が仕事と家庭を両立する難しさなども問題解決を難しくしている。政策を駆使して産科医や小児科医を増やす手立てを講じたり、産科医と助産婦との役割分担を図ったりすることで、必要な医療体制をつくらねばならない。

④　高齢者に偏る社会保障費を子どもにも（六月八日）

社会保障費を誰のために使うかをチェックすると、圧倒的に高齢者向けが多い。これに対し育児支援など子ども向け、家庭向けは少なく、両者の比率は七〇対四だ。社会保障の中心が年金や高齢者医療、介護保険だからだが、この比率を変えなければ少子化対策は進まない。人口の高齢化が進み、しかも高齢者は一般に選挙の投票率が高いので政府や自治体の政策はどうしても高齢者向きになりがちになる。こうした考えも見直す必要がある。

⑤　生活重視の職場風土に改めよう（六月二二日）

企業の社員に対する「仕事と育児の両立支援」はまだまだ不十分だ。第一子出産後も働き続けている女性は半数に満たない。そうした環境が晩婚化、非婚化に拍車をかけている。一方で、優秀な女性の人材が退職することは企業にとって大きな損失でもある。大企業を中心に育児休業、在宅勤務などの支援策は広がってきているが、使いやすい仕組み、きめ細かい対応が求められる。また父

チェンジ！　少子化
社説「日本の『結婚』は今のままでいいのか」
日本経済新聞二〇〇九年六月二八日付

法的に結婚していない両親から生まれる「婚外子」の割合が欧米諸国で増え続けている。フランスでは、昨年生まれた赤ちゃんの五三％が婚外子だった。二〇〇七年の統計をみても、スウェーデン五五％、米国四〇％、ドイツ三一％などとなっている。

これに対し日本は二％と格段に低い。なぜか。少子化対策を考える時、婚外子やその背景にある結婚の多様化の問題を避けては通れない。

婚外子の相続差別放置

日本に婚外子が少ない一因は「非嫡出子（婚外子）の相続分を嫡出子の二分の一とする」という民法の規定にある。法務省によると、相続で婚外子が法的に差別されているのは日本とフィリピンぐらいという。

この規定はかねて「法の下の平等」を定めた憲法一四条に違反すると批判されてきた。法制審議会も

親の育児参加を促すことも欠かせない。

三　日本の「結婚」は今のままでいいのか

そして第六回（六月二八日）が「日本の『結婚』は今のままでいいのか」で、本書のテーマにかかわる話である。このタイトルの裏には、もちろん「子どもを増やすために」という目的が隠れている。また、これも当然のことだが、反語の見出しには「今のままではよくない」という結論がひそんでいる。

よく、少子化に関連して話題になるのが「婚外子」である。婚外子とは法律上の結婚をしていないカップルから産まれた子ども、という意味で、日本には「非嫡出子」、あるいは「庶子」という差別的な意味合いのある言葉が残っている。その婚外子が、日本では生まれる子どもも全体の二％しかいないのに、フランスは五

一九九六年に規定を撤廃するよう答申を出している。しかし、最高裁大法廷が九五年に合憲の判断を下したこともあって、答申は一三年間たなざらしになったままだ。政治の怠慢であり、異常なことである。

最高裁決定を読むと、非嫡出子を基本的に「既婚者が配偶者とは別の相手との間につくった子ども」ととらえている。法改正に自民党が動かないのも、家族の外にできた子と家族内の子には相続で差があって当然との意見が根強いからだ。

しかし、大法廷の決定の時点ですでに一五人の裁判官のうち五人が「違憲」だと厳しい意見を述べている。婚内子と婚外子で異なっていた戸籍や住民票への記載方法は改められ、記述上の区別はなくなった。婚外子の相続差別には、国連の規約人権委員会、子どもの権利委員会も撤廃を求める勧告を出している。

そもそも、結婚していない両親の子どもを指す「非嫡出子」にあたる言葉は、差別的な意味があるとして国際的には死語になりつつある。民法の規定は、婚外子が社会的に差別される原因にもなっている。まず民法を改正する必要がある。

○%を超えている。一方でフランスの出生率は二・〇を超える水準で極めて高い。

日本から見れば、「フランス女性はなぜ結婚しないで子どもを産むのか」という疑問が当然湧いてくるし、また、実情を知らなければ、それほどふしだらなのか、不倫が横行しているのかという見当違いの反応もかえってくる。

「いや、そうではないのだ。フランスでは法的な結婚とは別のカップルの形態が、法律上も社会的にも認められていて、それが少子化対策にもなっている。そのことを日本人も知って参考にしなくてはいけない」。そういった趣旨の社説が必要だということに、議論がまとまっていった。タイトルの結婚に「」をつけたのは、法律婚とは別のかたちの「結婚」があってもいいのではないかという意味を込めてのことである。

この社説は、読んでいただければ分かるよう

欧米で婚外子が増えているのは、法的な差別がなくなったから、だけではない。結婚とは別の形のカップルを法的に認める仕組みが生まれ、婚外子の概念そのものが変わったことが大きい。

例えばスウェーデンにはサンボ（同せいの意）、フランスにはPACS（連帯民事契約）という仕組みがある。いずれも、結婚より緩やかな結びつきをカップルに認め、生まれた子どもには相続も含め婚内子とまったく同じ権利を与えている。男性が父親になるためには認知が必要だが、法の枠組みにしたがった同居という意味では結婚に近い。

スウェーデンではサンボがカップル全体の三分の一を占め、〇〜一七歳の子どもの親の三割はサンボのカップルだ。スウェーデンでも晩婚化が進んでいるにもかかわらず出生率が上昇しているのは、サンボの間に出産するケースが多いためだ。

フランスでは昨年、結婚が二六万七〇〇〇組、PACSが一三万七〇〇〇組だった。サルトルとボーボワールのように、かつて未婚のカップルは社会規範への異議、反抗ととらえられていた。もうそうした意識はない。

に、かなり一方的に書いてある。日本では法律婚が法的、社会的に認知されたカップルとしては唯一の形態だが、晩婚、晩産化が進み、結婚しない男女も増えている。一方で、法律婚をしていないカップルが子どもをもつことには、タブー意識が根強い。周囲から白い目で見られることにもなる。子どもができたから結婚する「できちゃった婚」はタブーから逃れるためのやむをえぬ選択でもあろうか。

そうした日本の家族観、結婚観の端的な例が、民法に残っている婚外子の相続差別規定である（**図表1―8**）。そんな前時代的な規定をなくすとともに、フランスやスウェーデンのように多様なカップルのあり方を法的、社会的に認めていくことで国民の意識を変え、若い人たちが子どもをつくりやすい社会・文化環境をつくっていかなければならない。簡単に言えばそういった内容の社説で、伝統的な家族観、結婚観の持こうした仕組みには、互いに相性を判断する「試行結婚」の意味合いがある。法律婚に比べ解消が簡単だからだ。婚外子の割合が増えたからといって、出生率が高まるとは必ずしも言えない。ただ、フランスの昨年の出生率は二・〇一、スウェーデンも一・九一と先進国の中で高い。

今も影落とす「家」制度

日本では婚外子の相続差別撤廃とセットで法制審が答申した選択的夫婦別姓制度の導入も実現していない。夫婦で別姓を名乗ると家族のきずなが弱まるという意見があるためだ。「家」を基本にした戦前の家族制度が今も影を落としている。

〇六年の内閣府の世論調査では、五八％が婚外子を法律上不利に扱うことに反対しながら、民法の相続規定に対しては四一％が「変えない方がよい」と答え、「相続額を同じにすべきだ」の二五％を上回った。これも日本人の家族観、結婚観の表れである。

結婚の形は国の文化や伝統、国民の価値観にかかわる問題だ。しかし、日本の国際結婚は七〇年の五五〇〇組から〇七年には四万組に増えた。日本人の

ち主から批判される要素がかなり含まれている。

そもそも、婚外子を差別する民法の規定は、一方で法律上の配偶者との間に生まれた子の立場を尊重しつつ、同じ被相続人（父親）の子である婚外子の権利にも配慮して、その立場を少しは守ろうというのが立法趣旨だという。法律が想定していたのは、いわゆるお妾さんの子であった。そうした子も相続がまったくゼロというのはかわいそうだが、だからといって正妻の子と同じ満額というわけにはいかない、という意味があったのである。

そうした規定が残っていること自体が前近代的である。もちろん、法ができた頃とは社会情勢が様変わりしている。妾という言葉も差別的な意味合いがあるとして使われなくなっている。それなのに婚外子の相続差別がいまだに法律に残っている。そこに映っているのは婚外子に対する社会的な差別意識であり、法律婚絶対主義

価値観だけで結婚を考えることは、もう実情に合わない。

　日本・東京商工会議所は少子化問題に対する提言の中で「伝統的な法律婚以外に事実婚や婚外子が受け入れられる社会のあり方について検討すべきだ」と訴えている。

　日本の結婚のあり方が少子化の一因となり出生率上昇の妨げになっているとすれば、障害を取り除く必要がある。それは、婚外子の相続差別をなくさねば始まらない。


である。もっと自由なカップルの形態が認められ、その子の権利が差別なく認められるのであれば、子どもも増えるのではないか。そんな主張を社説には込めた。

　そもそも、非嫡出子（法文上は「嫡出でない子」）という言葉が法律にあることが時代錯誤ではないか。この言葉は英語では illegitimate child, フランス語では enfant naturel, enfant illégitime という。英語では bastard, 仏語だと bâtard という侮蔑的な意味を含む言葉もある。仏司法省の担当者によれば、実際にはニュアンスとしては「私生児」に近い。辞書にはあるのだが、死語に近くなっている。

　フランスでは二〇〇五年の民法典改正で法律用語が婚外子（enfant né hors mariage）になった。これに対する言葉、婚内子は enfant né de couple marié と言っているようだ。フランスに限らず、カップルには結婚以外にもいろいろな形があっていい。よく事実婚と言われるが、社説で紹介したフランスのパックス（PACS, pacte civil de solidarité の略、連帯民事契約）は厳密に言うと事実婚にはあたらない。事実婚とは法律上の裏づけのないカップル、内縁などの関係を指す言葉だろう。

　パックスには法律の裏づけがある。一九九九年にできた制度で、同性、異性にかかわらず、パッ

図表１-６　主なヨーロッパ諸国における出生率の推移

	1990	1995	1999	2000	2001	2002	2003	2004	2005	2006	2007	2008	2009	2010
アイスランド	2.30	2.08	1.99	2.08	1.95	1.93	1.99	2.04	2.05	2.08	2.09	2.15	2.23	2.20
アイルランド	2.11	1.84	1.90	1.89	1.94	1.97	1.96	1.93	1.86	1.92	2.01	2.07	2.07	2.07
イギリス	1.83	1.71	1.68	1.64	1.63	1.64	1.71	1.77	1.78	1.84	1.90	1.96	1.94	:
イタリア	1.33	1.19	1.23	1.26	1.25	1.27	1.29	1.33	1.32	1.35	1.37	1.42	1.41	1.41
エストニア	2.05	1.38	1.32	1.38	1.34	1.37	1.37	1.47	1.50	1.55	1.63	1.65	1.62	1.63
オーストリア	1.46	1.42	1.34	1.36	1.33	1.39	1.38	1.42	1.41	1.41	1.38	1.41	1.39	1.44
オランダ	1.62	1.53	1.65	1.72	1.71	1.73	1.75	1.72	1.71	1.72	1.72	1.77	1.79	1.79
ギリシア	1.40	1.31	1.24	1.26	1.25	1.27	1.28	1.30	1.33	1.40	1.41	1.51	1.52	1.51
スイス	1.58	1.48	1.48	1.50	1.38	1.39	1.39	1.42	1.42	1.44	1.46	1.48	1.50	1.52
スウェーデン	2.13	1.73	1.50	1.54	1.57	1.65	1.71	1.75	1.77	1.85	1.88	1.91	1.94	1.98
スペイン	1.36	1.17	1.19	1.23	1.24	1.26	1.31	1.33	1.35	1.38	1.40	1.46	1.39	1.38
スロバキア	2.09	1.52	1.33	1.30	1.20	1.19	1.20	1.24	1.25	1.24	1.25	1.32	1.41	1.40
スロベニア	1.46	1.29	1.21	1.26	1.21	1.21	1.20	1.25	1.26	1.31	1.38	1.53	1.53	1.57
チェコ共和国	1.90	1.28	1.13	1.14	1.14	1.17	1.18	1.23	1.28	1.33	1.44	1.50	1.49	1.49
デンマーク	1.67	1.80	1.73	1.77	1.74	1.72	1.76	1.78	1.80	1.85	1.84	1.89	1.84	1.87
ドイツ	:	:	:	1.38	1.35	1.34	1.34	1.36	1.34	1.33	1.37	1.38	1.36	1.39
トルコ	:	:	:	:	:	:	:	:	:	:	:	2.10	2.08	2.04
ノルウェー	1.93	1.87	1.85	1.85	1.78	1.75	1.80	1.83	1.84	1.90	1.90	1.96	1.98	1.95
ハンガリー	1.87	1.57	1.28	1.32	1.31	1.30	1.27	1.28	1.31	1.34	1.32	1.35	1.32	1.25
フィンランド	1.78	1.81	1.73	1.73	1.73	1.72	1.76	1.80	1.80	1.84	1.83	1.85	1.86	1.87
フランス	:	:	1.81	1.89	1.90	1.88	1.89	1.92	1.94	2.00	1.98	2.01	2.00	2.03
ブルガリア	1.82	1.23	1.23	1.26	1.21	1.21	1.23	1.29	1.32	1.38	1.42	1.48	1.57	1.49
ベルギー	1.62	1.56	1.62	1.67	:	:	1.66	1.72	1.76	1.80	1.82	1.86	1.84	:
ポーランド	2.06	1.62	1.37	1.35	1.31	1.25	1.22	1.23	1.24	1.27	1.31	1.39	1.40	1.38
ポルトガル	1.56	1.41	1.50	1.55	1.45	1.47	1.44	1.40	1.40	1.36	1.33	1.37	1.32	1.36
ラトビア	:	:	:	:	:	1.23	1.29	1.24	1.31	1.35	1.41	1.44	1.31	1.17
リトアニア	2.03	1.55	1.46	1.39	1.30	1.24	1.26	1.26	1.27	1.31	1.35	1.47	1.55	1.55
ルーマニア	1.83	1.33	1.30	1.31	1.27	1.25	1.27	1.29	1.32	1.32	1.30	1.35	1.38	:

出典：Eurostat　：＝不明

図表１－７　主なヨーロッパ諸国における婚外子比率の推移

（％）

	1999	2000	2001	2002	2003	2004	2005	2006	2007	2008	2009	2010
アイスランド	62.41	65.19	63.04	62.34	63.58	63.68	65.72	65.62	63.77	64.14	64.39	64.34
アイルランド	31.14	31.51	31.31	31.20	31.22	31.95	31.78	32.70	32.81	33.42	33.27	33.84
イギリス	38.80	39.48	40.05	40.63	41.48	42.27	42.94	43.66	44.44	45.42	46.29	46.89
イタリア	9.24	9.66	9.87	10.86	12.97	：	15.18	16.23	17.69	18.86	19.79	21.47
エストニア	54.21	54.45	56.21	56.29	57.82	57.97	58.51	58.24	57.84	59.02	59.16	59.14
オーストリア	30.49	31.30	33.06	33.80	35.27	35.92	36.54	37.16	38.28	38.85	39.35	40.15
オランダ	22.75	24.94	27.20	29.13	30.67	32.49	34.89	37.06	39.46	41.24	43.28	44.34
ギリシア	3.87	4.02	4.25	4.44	4.81	5.09	5.10	5.28	5.81	5.93	6.57	7.28
スイス	9.98	10.69	11.17	11.68	12.42	13.28	13.73	15.36	16.17	17.09	17.91	18.62
スウェーデン	55.29	55.33	55.49	56.04	56.00	55.44	55.45	55.47	54.76	54.74	54.41	54.16
スペイン	16.30	17.74	19.73	21.78	23.41	25.08	26.57	28.38	30.24	33.15	34.48	35.52
スロバキア	16.86	18.26	19.76	21.60	23.35	24.78	25.97	27.49	28.79	30.14	31.57	32.96
スロベニア	35.38	37.11	39.37	40.21	42.46	44.84	46.68	47.24	50.80	52.78	53.62	55.68
チェコ共和国	20.59	21.77	23.45	25.28	28.51	30.55	31.71	33.32	34.49	36.34	38.83	40.26
デンマーク	44.86	44.57	44.62	44.58	44.86	45.42	45.68	46.36	46.10	46.16	46.79	47.32
ドイツ	22.14	23.41	25.03	26.13	26.98	27.94	29.18	29.96	30.82	32.07	32.74	33.26
トルコ	：	：	：	：	：	：	：	：	：	：	：	2.57
ノルウェー	49.07	49.58	49.73	50.31	49.98	51.36	51.75	53.05	54.48	55.05	55.07	54.78
ハンガリー	27.96	29.04	30.34	31.35	32.29	34.05	34.95	35.59	37.50	39.47	40.82	40.82
フィンランド	38.69	39.21	39.55	39.88	39.99	40.78	40.38	40.55	40.58	40.74	40.88	41.12
フランス	42.75	43.58	44.71	45.25	46.19	47.39	48.41	50.49	51.69	52.56	53.74	54.97
ブルガリア	35.06	38.36	42.04	42.82	46.13	48.71	49.04	50.79	50.20	51.08	53.43	54.10
ベルギー	25.47	28.01	：	：	34.73	36.89	39.37	40.86	43.22	：	：	46.22
ポーランド	11.70	12.13	13.12	14.42	15.82	17.13	18.45	18.89	19.46	19.86	20.24	20.59
ポルトガル	20.85	22.20	23.78	25.46	26.87	29.07	30.75	31.61	33.61	36.19	38.12	41.27
ラトビア	39.06	40.34	42.07	43.07	44.23	45.28	44.57	43.36	42.97	43.14	43.47	44.13
リトアニア	19.81	22.59	25.38	27.94	29.49	28.72	28.42	29.64	29.21	28.55	27.95	28.69
ルーマニア	24.08	25.50	26.70	26.67	28.17	29.40	28.55	28.97	26.67	27.44	27.97	27.69

出典：Eurostat　：＝不明

図表1-8　日本の婚外子の出生数および割合：1925〜2010年

年次	婚外子	割合 (%)	年次	婚外子	割合
1925	151,448	7.26	1985	14,168	0.99
1930	134,221	6.44	1990	13,039	1.07
1940	86,820	4.10	1995	14,718	1.24
1950	57,789	2.47	2000	19,436	1.63
1955	29,018	1.68	2005	21,533	2.03
1960	19,612	1.22	2006	23,025	2.11
1965	17,452	0.96	2007	22,170	2.03
1970	17,982	0.93	2008	22,972	2.11
1975	15,266	0.80	2009	22,860	2.14
1980	12,548	0.80	2010	22,986	2.15

注：1950〜70年は沖縄県を含まない。割合は、出生総数に対するもの
出典：厚生労働省『人口動態統計』

クスを結んだカップルには税制面などで結婚に近い権利を認める仕組みだ。一方で法律上の離婚に比べて解消が簡単なことから、近年パックスのカップルが急増している。

もちろん、フランスにはパックスを結ばないで同棲するカップルもいる。パックスは同棲以上結婚未満といった方が実態にあっている。スウェーデンのサンボ（sambo）もパックスに似た仕組みだ。

パックスやサンボのカップルから生まれた子どもは統計の上では婚外子になるが、法律婚以外に法律で認められたカップルの形態がない日本で思い浮かべる婚外子のイメージとは大きく異なっている。だから日本でも意識の変革が必要なのである。そう訴えたかったのである。

四　少子化対策は経済政策か

これは経験から判断しても間違いないと思うが、ある記事に対して新聞社や記者に寄せられる反応は、賛同の意見より批判の声の方が多い。賛意より反論の方をより新聞社

婚外子の相続差別規定

・婚外子の相続差別とは、民法九〇〇条四号の但し書きにある以下の文言を指している。

「嫡出でない子の相続分は、嫡出である子の相続分の二分の一とする」

・非嫡出子（婚外子）であるだけで不利を被るこの規定は、法の下の平等を定めた憲法一四条に違反するという主張は長くあり、一九九六年には法制審議会が撤廃を求める答申を法相に出している。しかし、いまもこの規定は残ったままだ。

・最高裁大法廷は一九九五年に一度、「合憲」の判断を示した。要約すれば、日本は法律婚主義をとっており、法律上の配偶者との間の子（嫡出子）の立場を尊重するのは当然で、他方、非嫡出子にも一定の保護を与えるとしたこの規定が著しく不合理とは言えない、という理由である。しかし、この時点で一五人の裁判官のうち五人が「違憲」だと主張し、結論に反対した。その後、最高裁小法廷ではこの規定をめぐる裁判が何度もあったが、裁判官の意見は常に対立し、多数決で結論は「合憲」になっても必ず反対する裁判官が出ている。

に伝えたいという心理が読者にあるからではないかと思う。「これはいい記事だ」と思ったときはそれで終わる、あるいは切り抜いてもらえるかもしれない。しかし、「おかしい」と思ったり間違いを見つけたりしたときは新聞社に連絡しようとする、ということはないだろうか。

今回の社説はシリーズを通じて「子どもを増やす」ことを最優先に据えて書いたものだから、その価値観に対して否定的な意見が出ることは予想していた。が、「日本の『結婚』は今のままでいいのか」について、自身のブログで声高に褒めてくれたのが、当時の東国原英夫宮崎県知事である。「あの社説は圧巻だった」とか「渾身のレポート」と書かれていて、驚いた。

それはともかく、反応のなかで多かったのは、少子化対策というのはすなわち経済政策であり、経済界の要請ででてきた話ではないか、ということである。もちろん、少子化は地域社会、文化芸術やスポーツ、あるいは科学技術など、国を形づくるすべての面に影響を及ぼすものだ。ただ、日本経済新聞という媒体のイメージもあるだろうし、シリーズのなかにも、日本が成長を続けるために、とか日本が国際的な競争力を維持・強化するために、といった趣旨のくだりがあったからでもあろう。反応の意味するところはつまり、経済成長のために少子化対策を進めることで、日本が持ち続けてきた古きよき文化的、社会的伝統、家族制度を壊すようなことをしていいのか、という批判である。

・もし最高裁が「違憲」と判断したとすると、では遡っていつの時点から違憲なのかという問題が生じてややこしくなる。「合憲」のうちに立法府（国会）が民法を変えれば、そうした問題は起こらない。だから、最高裁は立法府の法改正を待っているのだという見方もある。しかし、すでに下級審では「違憲」判決が出ている。最高裁の判例に反する結論を下級審が出すのは異例のことだ。一方、政治はいまだに動こうとしていない。次に最高裁がこの規定に判断を示すときは、大法廷が判例を変更して「違憲」という結論を出すのではないかとの見方が有力だ。そうなれば、いや応なしに法改正が必要になる。

社説が出る数ヵ月前、二〇〇九年の二月に日本経団連が「少子化対策についての提言」を発表している。これにはシリーズ社説の②から⑤までと同様の視点が盛り込まれているが、結婚制度のあり方にまでは踏み込んでいない。

しかし、社説にも引用した二〇〇六年の日本・東京商工会議所の「少子化問題に関する提言」は、事実婚や婚外子に対し社会はもっと寛容になるべきだとうたって、「伝統的な法律婚以外に事実婚や婚外子が受け入れられる社会のあり方について検討すべきである」と記している。そして、その一例として婚外子の相続差別撤廃をあげているのである。

経済同友会も、最近では二〇〇七年と民主党が政権をとった後の二〇一〇年に少子化対策のレポートをまとめている。これは結婚制度には触れていないが、商工会議所よりずっと早く、一九九八年の提言で、すでに少子化対策のメニューとして夫婦別姓選択制度の導入、婚外子の相続差別撤廃、同棲の社会的容認、をあげている。そして「結婚の形態にこだわるよりも、『男女が共に生きる』ことを尊重し、自然な男女・人間関係の構築を優先すべきではないか」「同棲・事実婚等が社会的に認知される風土が一層醸成されれば、それが共同生活への契機となり結婚・出産に繋がることも想定される」と書いているのである。実際のところ、経済同友会の主張は社説の主張とかなり重なる。だからといって、経済の問題としてのみ少子化をとらえたわけではない。もちろん、経済団体の提言が必ずしも企業にとって都合のいいことを並べたというわけでもないだろう。

婚外子の相続差別は遺産の分配という意味では金銭にかかわる話だが、根底にあるのは社会に残る差別意識の問題であり、それを正せない政治の問題である。この国の年金や社会保障の制度が破綻する、というのも、決して経済だけの問題ではない。大きく言えば、人が生きていくための基本的な仕組みが壊れるということである。子どもが少なくなるということは、子どもや若者が担ってきた挑戦的な活動が衰弱していくことでもある。前述したとおり、経済活動に限らず国が縮んでいくのである。

なお、経済同友会の提言にあった「夫婦別姓選択制度」とは、夫婦が望めば、互いに別の姓を名乗ることを法的に認めようという制度で、一九九六年に法制審議会が婚外子の相続差別撤廃を答申したとき、導入するようセットで答申を出している。しかし、この制度もいまだに認められる兆しがない。夫婦が別の姓を名乗れば家族の絆が弱まり、子どもにも悪い影響があるといった意見が政界に根強いからだ。婚外子の相続差別撤廃よりハードルは一層高いとも言われる。これも法律婚至上主義、カップルに関する固定観念の根強さの表れではないだろうか。

五　婚外子と出生率

社説のなかに、「婚外子の割合が増えたからといって、出生率が高まるとは必ずしも言えない」と書いた。しかし、一方でフランス、スウェーデンを例に引き、相関があるのではないかという考えもにおわせた。カップルの多様化→婚外子の割合の増加→出生率上昇、という原因から結果への流れがあるのではないか、ということである。つまり、法律婚でカップルをしばらなくなれば結果的に子どもは増える。そんな因果関係がありそうだということである。

確かに婚外子と出生率に相関関係はあるように見える。欧州の統計をチェックするのに便利なEurostatというサイトがある。それによれば、フランスやスウェーデンは婚外子の比率、出生率が欧州連合（ＥＵ）全体の平均と比べてかなり高い（図表１―６～７）。

逆に南欧諸国やドイツ、スイスなどは、日本の二％よりははるかに高いが、婚外子比率が低い。出生率も低めだ。

この表を見れば、総じて婚外子比率と出生率の相関は見出せる。ただし例外もある。バルト三国のラトビアは婚外子割合が高いのに出生率は最低レベルだ。同じバルト三国のエストニアや旧ユーゴスラビアのスロベニアにも似たような傾向がある。婚外子割合の高さは必ずしも高い出生率に結びつかないが、婚外子割合が低い国は出生率も低い。そんな推論も導ける。

研究者の間でも、婚外子割合と出生率との間に相関関係があるのかどうかについてはさまざまな意見がある。社説にも、婚外子割合が上がれば出生率も上がって子どもが増えると証明できるのか、という疑問は読者からも寄せられた。他の章で言及されると思うが、相関は証明できていないと言われれば、確かにそのとおりかもしれない。

六　パックスという仕組み

フランスのパックスは「フランス女性はなぜ結婚しないで子どもを産むのか」というテーマの中心にある制度なので、詳しい中身や制度ができた背景などについては専門家の方による説明がこれからあるだろう（第2章四五頁～、第4章八七頁～）。社説を読んだ読者の反響という点に絞って言えば、パックスは法律婚に比べて解消が簡単だというが、カップルを解消した場合に子どもはどういう立場に置かれるのか、結局子どもが緩やかな結びつきのカップルの犠牲になっているのではないかという指摘があった。親同士はハイサヨナラでいいだろうが傷ついた子どもはどうなるのかという疑問である。

フランスの実情は後に詳しい方に語ってもらうとして（第6章）、日本にこの仕組みを導入すればそうした問題は確かに起こるだろう。夫婦が離婚したときに子どもに与える影響と何ら変わりはない。子どもを増やすためには男女のカップルを増やさねばならない、そのためには法的な結婚より緩やかな男女の結びつきを制度化してカップルをつくりやすくしなければならない、しかし、そのことがカップル解消も容易にし、ひとり親の子どもをたくさんつくることにつながる。そんな危惧はもちろんある。

ただ、先にも述べたように社説のテーマは「どうすれば日本で子どもが増えるか」であって、そのためには目をつぶらなければならないことがある。もちろん、ひとり親の子に対して偏見を取り除いたり社会的な支援をしたりすることは必要だろう。普通に考えれば、法律婚のカップルから生まれた子の方が、親同士の結びつきが安定している分、子の立場も安定していると考えられる。しかし、カップルを解消しづらい分、仲が悪くなった場合には子への影響が大きいとも言えるかもしれない。

七　その他の指摘

結婚はしたくないけれど子供はほしいという人はたくさんいる。そういう女性、いわゆるシングルマザーへの言及がない、という批判が、主として女性からあった。緩やかな結びつきであれ社会的、法的に認められたカップルをつくって子どもを産み、育てるという考え方とは異なり、シングルマザーは、たとえ法的に子を認知した父親はあったとしても、母親はカップルをつくらず一人で子育てをする。

この問題は社説を書く段階でも議論になった。結婚しないで出産、子育てをすることがもっと自由になれば、シングルマザーを当然のこととして認める社会風土が醸成され、そうした女性を支援する仕組みができあがれば、子どもは増えるに違いないからだ。

これは難しい問題だと思う。カップルを前提としない親のあり方というのは、カップルの多様性を認めることからまた一歩先に踏み出した話になる。認めれば、伝統的な結婚観、家族観とは一層衝突することになる。しかし、現実にシングルマザーはいる。社説では取り上げられなかったが、目をつぶっていられる問題ではない。

さらに、子どもを増やすことだけを考えるなら、重婚や一夫多妻を容認すればいいではないかといった極論にまでなるのだが、もちろんこうしたことは、日本では法的にだけでなく、社会的、倫理的に受け入れることはできない。これは日本に限らない、先進国共通の価値観でもあろう。

パックスなど法的に認められた契約型の同棲には、前述したようにカップルの性別を不問にしているものが多い。そもそも、男女のカップルには結婚という法的な仕組みがあるのに同性のカップルに法の枠組みがないのはおかしい、といった同性愛者の要請から生まれた仕組みとも言えるのだ。フランスでパックス法が成立したのは一九九九年だが、翌二〇〇〇年にこの制度で契約したカップル二万二二七一組のうち、四分の一の五四一二組は同性カップルだった。当初は同性間の割合が多かったことがわかる。

読者からは、同性同士も含むカップルを結婚に近い形で法的に認めることは日本の社会風土になじまないし、なにより少子化対策にならないではないかという意見が寄せられた。確かに一理ある。

そうした批判は想定してはいなかったが、なるほど、同性間のカップルから子どもは産まれないからである。ただ、パックスが定着し、契約者が急増するにつれ、異性間カップルが大多数を占めるようになってきている。二〇一〇年はパックス契約をした二〇万五五五八組のうち、同性カップルは一割にも満たない九一四三組だった。一方で、世界的に見れば同性間の正式な結婚を認める国が増えていることも付け加えておこう。

仮に日本でパックスのような仕組みをつくった場合でも、同性間カップルを認めるかどうかは難しい問題だ。ただ、「どちらもあり」のフランスでも、実際にこの仕組みの恩恵を享受しているのは異性間カップルが大半であることは、ヒントにはなる。

おわりに

紹介したように、社説にはさまざまな疑問や批判、意見が寄せられた。次章以降の専門家の方々の説明が、特にフランスの実情に対する疑問への回答になるだろう。

反響という意味で付け加えれば、社説の掲載から一年半以上たって、編者からシンポジウムとその書籍化へのお誘いを受けたことが最も驚かされる反響だったかもしれない。「新聞」は翌日には「新聞紙」になってしまうと言われるぐらい寿命が短いものだが、手前味噌ではあるけれど、これだけ「長寿」だったことをもって、社説は使命を果たしたと言わせていただいてもいいだろう。

その理由は、ある種の「思い切り」にあったと考えている。少子化対策はなりふり構わずやらなくては駄目なんだ、というメッセージが、賛成・反対は別として、読者の方々にある程度届いたのではないか。

人口減少は緩慢な動きではあるが、対策は急を要する。対策の効果も緩慢にしか出てこないからである。深刻になる状況のなかで、日本の硬直的な家族観が邪魔になってはいないか。その象徴が民法に残る婚外子の相続差別規定であり、条文に「嫡出」などという言葉が残っていることである。それがいかに奇妙なことなのか、相続差別をなくすことが日本の家族の絆を本当に傷つけてしまうのか、そうした点についてはいろいろな意見があるだろう。しかし私自身は、夫婦別姓選択制度も含む結婚の多様化は決して家族や親子関係の希薄化にはつながらないと考えているし、婚外子の差別規定を撤廃しない限り結婚の多様化は進まないと確信している。それは社説の結論にあるとおりである。

参考文献

日本弁護士連合会編『婚外子差別・選択的夫婦別姓を考える』日本加除出版、二〇一一年
民法改正を考える会編著『よくわかる民法改正』朝陽会、二〇一〇年
三浦信孝、西山教行編著『現代フランス社会を知るための62章』明石書店、二〇一〇年
竹﨑孜『スウェーデンはなぜ少子国家にならなかったのか』あけび書房、二〇〇二年
日本経済団体連合会「少子化についての提言」二〇〇九年二月一七日
経済同友会「少子・高齢化社会への提言」一九九八年五月二九日
日本・東京商工会議所「少子化問題に関する提言」二〇〇六年五月一一日

一九九五年七月五日付　遺産分割審判についての最高裁大法廷決定

第2章　日仏両国におけるカップル形成・出生行動とその関連要因

小島　宏

はじめに

国連人口部の分類によれば、日本を含む東アジアは初産年齢、無子の割合が高く、二子以上の割合が低いという特徴がある（南欧、オーストリア、カナダ、ドイツも同様）。これに対して、フランスは初産年齢が高く、無子の割合が低く、二子以上の割合が高いという特徴があり、孤高を保っている。そのほか、東アジアの特徴として低い同棲割合、低い婚外子割合といった特徴もあると言われてきた。実際、**図表2―1**に示されたとおり、二〇〇〇年代の日仏両国では合計特殊出生率と婚外子割合に大きな差がある。また、人口統計学的指標を用いて出生力パターンについて日仏比較を行った筆者らの研究から、一九八〇年代前半まで類似していた日仏の出生力パターンが異なるようになった要因として、日本では三〇代におけるキャッチアップ出生（二〇代でできなかった出生を取り戻すような出生）が増えないことに加え、同棲カップルによる出生が増えないことが見出され、フランスにおける同棲増加の出生力への寄与が改めて浮き彫りにされた。

図表２-１　近年の日仏両国における出生指標

年次	日本			フランス		
	合計特殊出生率	婚外子割合（％）	平均第１子出生年齢	合計特殊出生率	婚外子割合（％）	平均第１子出生年齢
2000	1.36	1.63	28.0	1.88	42.6	27.4
2001	1.33	1.74	28.0	1.88	43.7	-
2002	1.32	1.87	28.1	1.87	44.3	27.5
2003	1.29	1.93	28.3	1.88	45.2	27.6
2004	1.29	1.99	28.5	1.90	46.4	27.7
2005	1.26	2.03	28.6	1.92	47.4	27.6
2006	1.32	2.11	28.7	1.98	49.5	27.8
2007	1.34	2.03	28.9	1.96	50.7	27.9
2008	1.37	2.11	28.9	1.99	51.6	28.0
2009	1.37	2.14	29.1	1.99	52.9	-
2010	1.39	2.15	29.9	2.01	54.1	-

出典：日本は総務省統計局 HP の e-Stat、フランスは INED の HP（2012年３月20日確認）

三〇年近く前に筆者は欧米諸国における同棲増加とその人口学的影響について文献サーベイを行ったが、二〇代から三〇代前半にかけての失業者と不安定就業者の増加、女性の四年制大学進学率上昇といった近年の日本の若者を取り巻く状況は、第一次・第二次のオイルショック後に「ライフコース戦略」（人生設計に関する個人の戦略）として同棲が広がり始めたフランス等の西欧の状況に似たところがある。したがって、パートナー関係の選択肢として今後、日本で同棲が増加する可能性は十分あるように思われる。日本では高度経済成長が始まる前の一九五〇年代に、伝統的なタイプの婚前同棲とも言える「足入れ婚」が農村で少なからずあった。その後、現在の三〇代男女の親に当たるベビーブーム世代や後続世代が大学に進学し、大学進学率が急上昇した一九七〇年代初頭に「同棲時代」という言葉が流行したが、これらの時期に青春時代を過ごした世代に子どもや孫の世代が同棲することについて理解があるとすれば、今後、同棲が急増する素地が十分にあると言えよう。

もともと同性カップルへの配慮という面があったパックスだが、最近のフランスでは異性間のパックスが急増しており、二〇一〇年には二五万一〇〇〇件の婚姻に対して一九万五〇〇〇件の登録があった。また、この頻度は高学歴者や専門職者で高いとのことである。日本では近年の不況が、結婚だけでなく同棲を含む同居型パートナー関係の形成を全般的に抑制している可能性が考えられる。同居が困難であるとLAT（Living Apart Together）と呼ばれる別居型非婚パートナー関係が広がる可能性が考えられるが、実際にフランスでは一九七〇年代初頭に大学生や失業中の若年層で同棲が広がったものの、近年はLATが広がりつつある。この背景には同居するために職業キャリアを捨てるのを拒否する女性が増加していることだけでなく、同居型のカップルを解消した後の新たなパートナー関係としてLATを形成するケースが増えていることがあるからだと言う。実際、筆者による内閣府調査のミクロ（個票）データを用いた関連要因の分析によれば、フランスの女性では専門職、失業者、二〇～二四歳の非常勤職、低所得世帯でLATが多く、低学歴者で少ないことから、矛盾しない結果が出ていると言えよう。日本の女性でも二〇代、そのほかに三五～三九歳の高学歴者、常勤被用者、三〇～三四歳の常勤被用者・非常勤被用者でLATが多く、中所得・低所得世帯で少なく、フランスとの類似点がある。したがって、日仏両国では同棲、異性間パックス、LATをはじめとする新たな形の非婚カップル形成が、経済危機や新自由主義的政策への対応としてさらに増加する可能性がある。ただし、日仏両国ないしその地域別、宗教別に固有な価値観の影響によりカップル形成・出生行動が異なる可能性もあるので、実証分析によって検討する必要があろう。

内閣府政策統括官（共生社会政策担当）付少子化対策推進室では二〇〇五年の「少子化社会に関する国際意識調査」（日本、韓国、アメリカ、フランス、スウェーデンの五ヵ国を対象）に引き続き、二〇〇九年に「アジア地域（韓国、シンガポール、日本）における少子化対策の比較調査研究」の一環として東アジア三ヵ国で意識調査を実施した。後掲の**図表2―2**の最初の二つのパネルに示されているとおり、二〇〇五年の調査では日本で〇・九％であった二〇～四九歳男女における同棲中の者の割合が、二〇〇九年の調査では二・九％に上昇しているだけでなく、同棲経験者の割合が一三・二％から二二・五％へと上昇している。二〇〇五年前後の他の調査の結果から見て二〇〇五年調査で同棲経験者の割合が低く出すぎたにしても、二〇〇九年調査の結果が示すとおり、近年、同棲が実際に増加している可能性が高い。また、最後のパネルのフランスでは同棲経験者の割合がかなり高いことが分かる。

以前、日仏両国の同棲・初婚の状態・タイミング等の規定要因の比較分析を行ったが、日本については初婚の規定要因の分析しかできなかった。そのことが念頭にあった上、内閣府政策統括官（共生社会政策担当）付少子化対策推進室による「アジア地域（韓国、シンガポール、日本）における少子化対策の比較調査研究」に専門委員として参画して調査データを利用して執筆し、その際に二回分の調査のミクロデータの継続的な学術利用を許可されたことから、本章ではそれらのミクロデータを用いた日仏両国における同居型カップル形成・出生行動の要因・影響の予備的な比較分析の結果を示す。なお、本章の分析は筆者による二〇一〇年の同棲研究の延長線上にもある。

また、最近、二〇一〇年の欧州社会調査のミクロデータが利用可能となった。他の欧州諸国と比較可能な統合ミクロデータにはパックスに関する質問への回答は含まれていないが、フランス版のミクロデータにはそれが含まれている。そこで、二〇〇六年、二〇〇八年、二〇一〇年のフランス版のミクロデータの予備的分析により、パックス登録の要因・影響を婚姻・同棲と対比しながら示すとともにそれらの変化と日本にとっての政策的含意を探ることにする。

一　日仏両国における同棲の動向

図表2―2は二〇〇九年の調査（日本）と二〇〇五年の調査（日本・フランス）に基づいて男女年齢一〇歳階級別に、同棲している者の割合、同棲経験者の割合、婚前同棲の平均開始年齢、婚前同棲の平均年数（婚前同棲開始年齢と初婚年齢ないし現在年齢との差の算術平均）を示したものである。婚前同調査時点で同棲中の者の割合は日本ではいずれの年次においても三％程度であるが、フランスでは二〇％程度である。年齢別に見ると、日本の男女とフランスの女性では二〇代で同棲中の者の割合がもっとも高い。

同棲した経験がある者の割合は日本では二〇〇九年には二二・五％と二〇〇五年の二倍程度に高くなっているにしても、フランスでは二〇〇五年に五三・二％で二〇〇九年の日本の二・五倍程度となっている。日本では女性よりも男性の方が同棲経験者の割合が高いし、フランスでも四〇代では同様の傾向があるが、これはアメリカ等についても見られるとおり、社会的スティグマを避けが

図表２-２　日仏両国における男女年齢階級別に見た同棲

国（調査年） 男女・年齢階級	同棲割合	同棲経験 割合	平均同棲 開始年齢	平均同棲 年数
日本（2009年）				
総数	2.9(%)	22.5(%)	24.2	2.36
(N)	*1000*	*1000*	*188*	*185*
20-29歳	4.8(%)	19.4(%)	22.0	1.40
30-39歳	2.1	29.4	24.6	2.30
40-49歳	2.0	16.8	26.0	3.68
男性	3.0	25.0	25.1	2.34
(N)	*508*	*508*	*104*	*104*
20-29歳	5.0	19.4	22.3	1.29
30-39歳	2.6	33.0	25.7	2.34
40-49歳	1.3	20.8	26.3	3.38
女性	2.8	19.9	23.2	2.38
(N)	*492*	*492*	*84*	*81*
20-29歳	4.5	19.5	21.7	1.52
30-39歳	1.5	25.8	23.2	2.25
40-49歳	2.8	12.5	25.5	4.21
日本（2005年）				
総数	0.9	13.2	22.7	3.05
(N)	*1115*	*1115*	*55*	*55*
20-29歳	2.3	17.0	20.4	2.17
30-39歳	0.7	15.7	23.5	3.44
40-49歳	0.2	8.6	24.5	3.58
男性	1.2	13.4	22.2	4.76
(N)	*501*	*501*	*21*	*21*
20-29歳	2.6	14.5	21.4	2.86
30-39歳	1.6	15.8	22.5	5.60
40-49歳	—	10.5	22.8	6.00
女性	0.7	13.0	23.0	2.00
(N)	*614*	*614*	*34*	*34*
20-29歳	2.1	19.0	19.8	1.73
30-39歳	—	15.6	24.1	2.00
40-49歳	0.4	7.1	25.4	2.38
フランス（2005年）				
総数	18.8	53.2	24.1	6.59
(N)	*1006*	*1006*	*371*	*360*
20-29歳	21.3	45.9	21.3	3.41
30-39歳	20.7	63.7	23.7	6.44
40-49歳	14.6	48.7	26.5	9.22
男性	20.4	50.9	25.4	7.02
(N)	*501*	*501*	*174*	*168*
20-29歳	17.9	39.1	22.4	3.06
30-39歳	24.4	61.0	25.0	5.97
40-49歳	18.5	51.4	27.5	10.68
女性	17.2	55.4	22.9	6.21
(N)	*505*	*505*	*197*	*192*
20-29歳	24.8	53.0	20.6	3.63
30-39歳	17.2	66.1	22.6	6.85
40-49歳	10.6	45.9	25.4	7.64

出典：小島（2009：398）

ちな女性の申告漏れの傾向が強いためであろう。年齢別に見ると、日仏両国で男女とも三〇代でもっとも同棲経験者の割合が高い。日本では三〇代が二〇代よりも突出して高いのが目に付くが、一九九二〜二〇〇一年の「複合不況」の時期に学校を卒業した世代で婚前同棲が増加した可能性が考えられる。

婚前同棲の平均開始年齢は二〇〇九年の日本の男性で二五・一歳、日本の女性で二三・二歳と、男性では二〇〇五年よりかなり高くなっており、二〇〇五年のフランスの男性の二五・四歳、女性の二二・九歳に近い水準になっている。日仏両国において男女間で婚前同棲の平均開始年齢の差が二歳程度あるが、平均初婚年齢の男女差に対応しているものと思われる。

婚前同棲の平均年数（男女合計）は、二〇〇九年の日本では二・三六年で、二〇〇五年の三・〇五年より短めとなっているが、これは男性で短くなったことを反映している。いずれにしても近年の日本の同棲は婚前で短期のものが比較的多いのではないかと推測される。フランスでは六・五九年と長く、特に年齢階級が高くなるにつれて平均同棲年数がかなり長くなっており、婚姻に代わる同棲の割合が高まることを窺わせる。しかし、それでも他の欧米諸国よりも短めであり、婚姻に移行する割合が比較的高いことが推測される。

二　日仏両国における同棲の要因

図表2―3は二〇〇九年と二〇〇五年の調査のミクロデータの分析により人々がどのような理由

図表２-３　日仏両国における男女別に見た同棲の関連要因

国（調査年） 男女	同棲中	同棲経験 あり
日本（2009年） 男性	自営（＋） 正規20-24歳（＋） 非正規20-24歳（＋） 非正規25-29歳（＋） 実家15分未満（＋） 実家30-59分（＋） 実家1-2時間（＋） 実家2時間以上（＋）	中学歴30-34歳（＋） 公務員（－） 学生（－） 正規45-49歳（－） 実家30-59分（＋） 実家２時間以上（＋）
女性	高学歴（－） 専門職（＋） 週41-50時間勤務（＋）	30-34歳（＋） 低学歴（＋） 高学歴（－） 高学歴25-29歳（＋） 自営（＋） 専門職（＋） 週41-50時間勤務（＋） 実家15-29分（＋） 実家1-2時間（＋） 低所得（＋） 中所得（＋） 宗教あり（－）
日本（2005年） 男性	低学歴（＋） 常勤25-29歳（＋） 非常勤30-34歳（＋）	自営（＋） 常勤25-29歳（＋）
女性	中学歴25-29歳（＋） 常勤40-44歳（＋）	25-29歳（＋） 低学歴（＋） 中学歴20-24歳（＋） 中学歴30-34歳（＋）
フランス（2005年） 男性	20-24歳（－） 中学歴25-29歳（＋） 中所得（＋）	20-24歳（－） 高学歴45-49歳（－） 中学歴20-24歳（－） 農業（－） 常勤20-24歳（＋） 中所得（＋）
女性	常勤20-24歳（＋） 中所得（＋）	45-49歳（－） 高学歴（＋） 学生（－） 農村居住（＋）

注：（＋）は特定の属性が同棲・同棲経験を促進することを示し、
（－）は特定の属性が同棲・同棲経験を抑制することを示す
出典：小島（2009: 401, 403）の誤りを修正したもの

で同棲しているのかを明らかにしようとした結果である。まず、上から一番目のパネルの調査時点における同棲の有無であるが、二〇〇九年の日本の男性では自営業従事者や二〇代前半の正規雇用の被用者といった、ある程度の経済力があって結婚を視野に入れていると思われる者か、二〇代の非正規雇用者といった結婚をする経済力がないと思われる者が、調査時点で同棲をしている可能性が高い。実家から離れて暮らしている場合に同棲している可能性が高いということは、実家に同居している場合は同棲をしないということを意味するのであろう。

二〇〇九年の日本の女性では同棲経験に関する既存研究で示されたように、高学歴者は同棲をしている可能性が低いようである。しかし、専門職（自営の専門職・自由業）従事者は同棲をしている可能性が高いので、高学歴女性のうちでも専門職に従事するような者は同棲をしている可能性が高いものと思われる。また、若干の残業があるようなフルタイムの仕事に就く女性も同棲している可能性が高いが、ある程度の経済力があって一人暮らしができるので、同棲に入りやすいということなのであろうか。同棲経験に関する分析結果でも同様の傾向があるが、同棲経験には調査時点での同棲も含むため、比較的最近の変化を反映している可能性がある。

次に、同棲経験であるが、二〇〇九年の日本の男性では三〇〜三四歳の中学歴者（高卒者）で同棲経験がある可能性が高い。一九九二〜二〇〇一年の「複合不況」の時期に高卒で労働市場に出て苦労したことが結婚を抑制し、同棲を促進したのかもしれない。公務員の場合は法律に沿った行動が期待されるということもあるかもしれないが、結婚をすると公務員住宅等に入りやすいし、各種手当も支給されるため、同棲をすると経済的デメリットが生じることから、同棲経験の可能性が低いのかもしれない。学生の場合は経済力や自宅通学の問題もあるほか、一人暮らしをしていても、同棲を経験する可能性のある期間が短いため、同棲経験の可能性が低いものと思われる。四五～四九歳の者のうちで特に正規雇用の被用者が年齢的にも属性的にも同棲経験の可能性が低いことは、若い時から結婚を継続している可能性が高いと考えれば頷ける。

二〇〇九年の日本の女性ではかなり多くの変数が同棲経験と関連している。女性においても「複合不況」の時期に労働市場に出た者が、やはり同棲経験の可能性が高いようである。低学歴者は同棲しやすく、高学歴者は同棲しにくいことは過去の研究から予想されるところであるが、二五～二九歳の高学歴女性で同棲経験の可能性が高いというのは新たな傾向を表すものとして注目に値する。高学歴女性の同棲が二〇〇〇年頃から増加していることが窺えるからである。これは女子短大の四年制大学化が進んだ時期ともほぼ一致するようである。学生時代に一人暮らしをしている場合は「規模の経済」（二人で暮らす方が一人当たりの生活費が安くなること）も求めて同棲する可能性がある期間が二年間延長されるということもあろう。かつてフランスで見られたように、卒業後にキャリアを追求するため、平等主義的な男女関係を保ちつつ将来の配偶者候補をつなぎ止めるという「同棲戦略」（フランスの家族社会学者の造語、F. de Singly, *Fortune et infortune de la femme mariée*, PUF, 1987）を日本の四年制大学在学・卒業女性の一部がとり始めた可能性も考えられる。しかし、近年における日本の同棲に「伝統的な」性別分業が維持されるような南欧型のものが多いとすれば、四年制大学在学・卒業女性が将来有望な配偶者候補をつなぎ止めるための「同棲戦術」（筆者の命名による一種の婚活戦術）といったようなものをとり始めているのかもしれない。さらに、高学歴女性における同棲の増加は山田昌弘（『迷走する家族』有斐閣、二〇〇五年）が言うように一九九八年頃から家族に関する各種指標が問題化・深刻化したことによっても示されるとおり、「戦後家族モデル（夫は仕事、妻は家事・育児を行って、豊かな家族をめざすというモデル）の解体期」に入ったことと関連するのかもしれない。

専門職やフルタイムの女性が同棲経験を持つ可能性が高いというのは、調査時点で専門職やフルタイムの女性が同棲をしている可能性が高いことと対応している。また、同棲経験には調査時点での同棲も含まれるので、自営業従事の女性で同棲経験の可能性が高いということは、自営業従事の男性が調査時点で同棲をしている可能性が高いことと関連している可能性がある。二〇〇五年の日本では自営業従事の男性で同棲経験を持つ可能性が高いので、自営業従事の男性が同棲を経て結婚した女性が調査時点で家族従業者として自営業に従事しているという可能性がある。結婚しにくい場合もあるといわれる一部の自営業従事の男性の「同棲戦術」というようなものの結果なのかもしれない。他方、日本において一般的な宗教は禁欲的な効果を持つため、宗教を持つ女性は同棲経験を持つ可能性が低くなるようである。

図表2—3の上から二番目と三番目のパネルは、二〇〇五年の調査に基づいて日仏両国についてほぼ同じ変数群を投入して同棲に関連する要因について予備的分析をした結果である。日本においての二回の調査の分析結果で共通するような変数はほとんどない。完全に一致するのは低学歴の女性で同棲経験を持つ可能性が高いことくらいであろう。また、同じコーホート（同時出生集団）の同棲経験の相対的水準が維持されるとすれば、二〇〇五年の調査で日本の二〇代後半の女性が同棲経

験を持つ可能性が高いことと二〇〇九年調査で日本の三〇代前半の同棲経験を持つ可能性が高いことは整合的である。

三番目のパネルのフランス男性に関する結果を見ると、二〇代前半では同棲中の可能性が低く、二〇代後半の中学歴者と世帯所得が中程度の者で同棲中の可能性が高い。フランスの女性では二〇代前半の常勤者と中所得者で同棲中の可能性が高く、二人の同棲パートナーの所得を合わせて中程度の世帯所得を維持している可能性が窺われる。フランスの男性の同棲経験については、女性の同棲中の場合と同じく二〇代前半の常勤者（ただし、常勤者を除く二〇代前半の者では可能性が低く、中学歴者では特に低い）と中所得者で可能性が高いことが示されており、家計維持や規模の経済の実現という意味合いが裏付けられているように思われる。しかし、フランスの女性の場合は高学歴者と農村居住者で同棲経験の可能性が高く、それぞれ「近代的な」同棲と「伝統的な」同棲（内縁関係）を反映しているようにも思われる。

結局、日本での同棲中と同棲経験の関連要因の多くは社会的排除（不安定就業、低所得等）に関連するようだが、フランスでの同棲は中間層帰属に関連するのかもしれない。また、日本の高学歴女性でも近年、同棲経験割合が高くなっているようなので、フランスの高学歴女性に近づいてきているのかもしれない。

紙幅の都合によりここでは表は示さないが、同じ調査のデータを用いて同棲状態について年齢と学歴、居住地を規定要因として比較分析した結果によれば、同棲中の者の割合が最も高いのは、日本の男性では二〇代前半、日本の女性では二〇代後半であり、男女いずれにおいても高学歴者で低い。フランスの男性では二〇代後半から三〇代前半、女性では二〇代前半にピークがあり、年齢とともに低下する傾向がある。同棲経験について同じモデルを用いた分析結果によれば、同棲経験者の割合が日本の男女では三〇代前半にピークがあり、フランスでも同様であるが、フランスの方が年齢範囲が広い。日本では男女の低学歴者で同棲経験者の割合が高く、特に女性の高学歴者では低いが、フランスの女性では高学歴者で高い。日本の女性では農村居住者で同棲経験者の割合が低いが、フランスの女性では高い。さらに、婚前同棲の有無について年齢と学歴、居住地を規定要因とするモデルを用いた分析結果によれば、直接婚（同棲を経ない初婚）と対比した同棲後婚（同棲を経ての初婚）の割合が、日本の男女では四〇代と高学歴者で低く、男性では農村で低く、女性では大都市で高い。フランスの男性では三〇代前半と農村で高い。

三　日仏両国におけるカップル形式と出生の促進要因・抑制要因

図表2―4として簡略に示したのは、各種の同居型カップルを初めて形成するタイミングについて学歴、居住地を規定要因とするモデルを用いた分析結果である。二〇〇九年の日本の男性では高学歴者で初同棲（初めての同棲）と同棲後婚が遅れたり、少なくなったりする可能性が高いが、低学歴者の場合は初カップル形成（初めての同棲または婚姻）が早まったり、多くなったりする可能性が高い。また、大都市居住者で初同棲と同棲後婚が早まったり、多くなったりする可能性が高いが、農村居住者の場合は初同棲と同棲後婚が遅れたり、少なくなったりする可能性が高く、直接婚が早

図表2-4　日仏両国における男女別に見たカップル形成タイミングの規定要因

独立変数	カテゴリー	初同棲または初婚	初同棲	初婚	同棲後婚（初婚）	直接婚（初婚）
日本（2009年）						
（男性）						
学　歴	高学歴		− − −		−	
	低学歴	+				
居住地	大都市		+			−
	農村		−		−	+ + +
（女性）						
学　歴	高学歴	− − − −	− − −	− − −	− − −	
	低学歴	+ + + + +	+ + + +	+ + + + +	+ + + + +	
居住地	大都市	−		− −		
	農村	− − −	− −	− − −	−	
日本（2005年）						
（男性）						
学　歴	高学歴					
	低学歴		+ + +			
居住地	大都市		+		+ +	
	農村					
（女性）						
学　歴	高学歴	− − − −	− − − −	− − − − −	− − − −	− −
	低学歴	+ + + +	+ +	+ + + + +	+ + +	
居住地	大都市					
	農村					
フランス（2005年）						
（男性）						
学　歴	高学歴	− −				
	低学歴	− − − −	−			
居住地	大都市					
	農村					−
（女性）						
学　歴	高学歴	− − − − −		− − − −		− − − −
	低学歴		− −			+
居住地	大都市	− −				
	農村	+	+ +			

注：＋は特定の属性が初めてのカップル形成を促進することを示し、
　　－は特定の属性が初めてのカップル形成を抑制することを示し、
　　それぞれの符号の個数が多いほど統計的な有意水準が高いことを示す
資料：内閣府「アジア地域における少子化対策の比較調査研究」付帯調査（2009年）
　　ミクロデータおよび「少子化社会に関する国際意識調査」（2005年）のミクロデータの筆者による比例ハザード分析結果

まったり、多くなったりする可能性が高い。二〇〇九年の日本女性では高学歴者と農村居住者で初カップル形成、初同棲、初婚、同棲後婚が遅れたり、少なくなったりする可能性が高いが、低学歴者の場合は各種カップル形成が早まったり、多くなったりする可能性が高く、大都市居住者の場合は初カップル形成と初婚が遅れたり、少なくなったりする可能性が高い。

二〇〇五年の日本の男性では低学歴者で初同棲が早まったり、多くなったりする可能性が高く、大都市居住者で初同棲と同棲後婚が早まったり、多くなったりする可能性が高い。二〇〇五年の日本の女性では高学歴者で初カップル形成、初同棲、初婚、同棲後婚、直接婚が遅れたり、少なくなったりする可能性が高いが、低学歴者の場合は直接婚以外の各種カップル形成が早まったり、多くなったりする可能性が高い。他方、二〇〇五年のフランスの男性では高学歴者で初カップル形成が遅れたり、少なくなったりする可能性が高いだけでなく、低学歴者でも初カップル形成と初同棲が遅れたり、少なくなったりする可能性が高いし、農村居住者でも直接婚が遅れたり、少なくなったりする可能性が高い。二〇〇五年のフランスの女性では高学歴者で初カップル形成、初婚、直接婚が遅れたり、少なくなったりする可能性が高いが、低学歴者の場合は初同棲が遅れたり、少なくなったりする一方で直接婚が早まったり、多くなったりする可能性が高い。また、大都市居住者で初カップル形成が遅れたり、少なくなったりする可能性が高いが、農村居住者の場合は初カップル形成と初同棲が早まったり、多くなったりする可能性が高い。したがって、男性では直接婚に対する農村居住の効果が日仏両国で逆方向であるが、女性では高学歴の効果が同じ方向である。

やはり**図表2—5**として簡略に示したが、初婚・第一〜三子出生のタイミングについて学歴、居

図表2-5　日仏両国における男女別に見た初婚・第1～3子出生タイミングの規定要因

独立変数	カテゴリー	初婚	第1子出生	第2子出生	第3子出生
			日本（2009年）		
（男性）					
学　歴	高学歴				
	低学歴			＋	＋
居住地	大都市	－			
	農村	＋	＋＋	＋＋	
婚前同棲	あり・中低学歴	＋＋＋＋＋	＋＋＋＋＋	＋＋	
	あり・高学歴		－－		
（女性）					
学　歴	高学歴				
	低学歴	＋＋＋＋＋	＋＋＋＋＋	＋＋＋＋	
居住地	大都市	－－		－	
	農村	－－－	－－－	－	
婚前同棲	あり・中低学歴	＋＋＋＋＋	＋＋		
	あり・高学歴				
			日本（2005年）		
（男性）					
学　歴	高学歴				
	低学歴			－－－	
居住地	大都市				－－－
	農村		＋	＋＋＋	
婚前同棲	あり・中低学歴	＋＋＋＋	＋＋		
	あり・高学歴				＋＋
（女性）					
学　歴	高学歴	－－－－	－－		－
	低学歴	＋＋＋＋＋	＋＋＋＋＋	＋＋＋＋＋	＋＋＋＋
居住地	大都市				
	農村				
婚前同棲	あり・中低学歴	＋＋＋	＋＋＋＋	＋＋＋	
	あり・高学歴		－－	－－	
			フランス（2005年）		
（男性）					
学　歴	高学歴		－－－		
	低学歴		－－－－	－－－－	
居住地	大都市			－	
	農村				＋
婚前同棲	あり・中低学歴	＋＋＋＋＋	＋＋＋＋	＋＋	＋＋＋
	あり・高学歴				
（女性）					
学　歴	高学歴	－－－－	－－－－－	－－－－－	－－－
	低学歴				
居住地	大都市		－	－－－－	－－－
	農村		＋＋＋＋	＋＋＋	＋＋＋＋
婚前同棲	あり・中低学歴	＋＋＋＋＋			
	あり・高学歴	＋			

注：＋は特定の属性が初めてのカップル形成を促進することを示し、
　　－は特定の属性が初めてのカップル形成を抑制することを示し、
　　それぞれの符号の個数が多いほど統計的な有意水準が高いことを示す

資料：内閣府「アジア地域における少子化対策の比較調査研究」付帯調査（2009年）ミクロデータおよび「少子化社会に関する国際意識調査」（2005年）ミクロデータの筆者による比例ハザード分析結果

住地、学歴別同棲経験を規定要因とするモデルを用いた分析結果によれば、二〇〇九年の日本では同棲経験があると中低学歴男女の初婚・第一子出生（男性の場合は第二子出生も）は早まったり、多くなったりする可能性が高いが、同棲経験がある高学歴男性の場合は第一子出生が遅れたり、少なくなったりする可能性が高い。二〇〇五年の日本では同棲経験がある中低学歴の男女の初婚・第一子出生（女性の場合は第二子出生も）が早まったり、多くなったりする可能性が高く、同棲経験がない高学歴女性の第一〜二子出生が遅れたり、少なくなったりする可能性が高いが、同棲経験がある高学歴男性の第三子出生が早まったり、多くなったりする可能性が高い。二〇〇五年のフランスでは同棲経験がある場合は中低学歴男性の初婚・第一〜三子出生が早まったり、多くなったりする可能性が高いが、中低学歴女性と高学歴女性の初婚は早まったり、多くなったりする可能性が高い。したがって、日仏両国で中低学歴者の同棲経験が及ぼす男女の初婚へのプラスの効果と、男性の第一〜二子出生へのプラスの効果が共通している。

四　フランスにおけるパックスの動向

図表2―6はパックス（PACS, pacte civil de solidarité, 連帯民事契約）に関する法令と主要指標を一九九九年から二〇一一年について年次別に示したものである。パックスは一九九九年一一月一五日の法律九九〜九四四号により制定されたため、一九九九年の数値はそれ以降の一カ月半に関するものである。二〇〇八年一二月二三日デクレにより二〇〇七年以降の各パートナーの男女別パックス

現在の統計に基づく推計値（フランス全土）

2003年	2004年	2005年	2006年	2007年	2008年	2009年	2010年	2011年
	2005年度財政法（税制上優遇）	7月4日命令（親子関係認知）	6月23日法（相続優遇・出生証明書記載）	2006年12月23日政令（宣言、統計開示）	2007年8月21日法（贈与・相続優遇）			
31,585	40,093	60,473	77,362	102,023	146,030	174,562	205,596	144,086
				32.0	33.4	33.3	33.1	32.8
5,292	7,043	8,690	9,583	22,782	23,657	26,933	35,060	41,315
				28	29	28	32	33
31585	40093	60473	77362	102,023	146,030	174,562	205,596	144,086
				3,708	4,780	4,895	5,209	3,718
				2,510	3,423	3,542	3,937	3,092
				95,707	137,820	166,120	196,441	137,275
				98	7	5	9	1
5292	7043	8690	9583	22,782	23,657	26,933	35,060	41,315
4,417	5,892	7,283	7,776	10,847	12,776	16,273	20,779	24,019
248	316	435	526	747	715	913	1,144	1,280
504	741	841	1,150	10,783	9,790	9,426	12,758	15,633
68	72	98	124	371	351	293	350	377
1	0	0	1	0	1	4	5	4
0	0	1	1	1	0	1	1	0
54	22	32	5	33	24	23	23	2

図表２-６　パックスに関する法令と主要指標：2012年２月11日

年次	1999年	2000年	2001年	2002年
法令	11月15日法（パックス制定・内縁規定）			
パックス登録件数＊	6,151	22,276	19,632	25,311
パックス登録時平均年齢				
パックス解消件数	7	624	1,872	3,185
パックス継続月数				
パートナー男女別パックス登録件数（総数）	6151	22276	19632	25311
男性間				
女性間				
男女間				
不詳				
パックス解消事由別件数（総数）	7	624	1872	3185
パートナー間の合意	0	447	1,418	2,607
片方の一方的要求	0	14	80	170
婚姻	0	88	246	307
死亡	1	39	59	55
後見人申出、パートナー間の合意	0	0	0	0
後見人申出、片方の一方的要求	0	0	0	2
不詳	6	36	69	44

注＊：2011年3月28日法によりそれ以降、公証人がパックスの登録を行えるようになった。この表に計上されているのは法務省管轄下で登録されたものだけである。

出典：Ministère de la Justice et des Libertés – Secrétariat général – Sous-direction de la statistique et des études
http://www.justice.gouv.fr/art_pix/stat_synthesepacs11t4_20120217.ods（2012年3月20日確認）、Mécary (2009)。

登録件数といったより詳細な統計情報が開示されるようになった。一九九九年には六一五一件であったパックスの登録件数が、二〇〇五年には一〇倍近い六万四七三件となり、その後、急増して二〇一〇年には二〇万五五九六件になったが、二〇一一年には一四万四〇八六件へと減少し、ピークアウトした可能性がある。しかし、二〇一一年三月二八日の法律により公証人（les notaires）がパックスの登録を行えるようになり、この表に計上されているのは法務省管轄下で登録されたものだけであるとの注記があることから見て、この表には公証人のところで登録されたパックスの件数が含まれていない可能性があるので、その件数がわからないとなんとも言えないところがある。

図表２―６に示された二〇〇七年以降のパックス登録時の平均年齢は三二～三三歳で同棲開始の平均年齢より一〇歳程度高く、平均初婚年齢よりも若干高いので、同棲から婚姻へと移行する代わりにパックスへ移行した者が増えた可能性がある。同時期のパックス継続月数は三〇ヵ月前後で増加傾向にあるようにも見受けられる。二〇〇七年以降の各パートナーの男女別パックス登録件数を見ると、異性間のパックスがほとんどを占める。同性間のパックスは全体の五％程度で、女性間のパックスよりも男性間のパックスの方が多い。

パックス登録件数の増加にともなって解消件数は一九九九年の七件から二〇〇六年の九五八三件までは漸増し、二〇〇七年には二万二七八二件へと急増し、二〇一一年の四万一三一五件へとほぼ倍増した。事由別の解消件数をみると、「パートナー間の合意」が常に最大で二〇〇六年まで八割前後を占めていたが、二〇〇七年にはそれまで一割程度しか占めていなかった「婚姻」がそれに並び、その後も三～四割を占めている。したがって、近年、異性間ではパックスを経て婚姻に至るケースも一定数あり、増加の兆しも見られる。

INSEE（国立統計経済研究所）のＨＰ（二〇一一年三月二〇日確認）のパックス登録件数総数は集計対象地域の違い（フランス本土）により**図表2―6**とわずかに異なるが、ほぼ同様な傾向を示している。二〇〇〇年には異性間のパックスがパックス全体の七五・七％を占めていたのがしだいに割合を高め、二〇〇五年には九割を超えて九一・九％となり、二〇〇九年には九五・二％、二〇一〇年には九五・六％となっている。また、登録された同居型の異性カップル（婚姻と異性間パックス）全体に占める異性間パックスの割合は二〇〇〇年には五・二％に過ぎなかったが、二〇〇五年には一六・四％、二〇一〇年には四三・八％にも上るようになった。この背景には婚姻件数が二〇〇六年から漸減していることもあり、二〇〇〇年代後半から以前ならば婚姻したであろうカップルが異性間パックスを選択していることを窺わせる。したがって、以前の同棲から婚姻への移行の割合よりも高い割合がパックスへ移行した可能性がある。

　パックスは二〇〇五年度に関する税制改正でパックス登録カップルが婚姻カップルと同等の所得税制上の優遇を受けられるようになったことにともなって急増したと言われており、加えて二〇〇七年八月二一日の法律で贈与・相続上の優遇を受けられるようになってからさらに拍車がかかったようである。異性間パックスだけでなく、同性間パックスも同じ理由で同様に増加した可能性がある。二〇〇一年にはパックス登録に季節性がなかったが、二〇〇六年には婚姻と同様に六～七月に登録のピークがあるようになった。このように季節性が出てきたことは税制上の恩恵を最大化できる時期（「Paris FP」のＨＰ（二〇一一年三月二〇日確認）のコラムによれば、二〇一一年度に所得税制が変わるまで、年央近くにカップルの登録をすると半年の独身期間の課税対象額が年収の半分になり、カップル登録後の課税対象額もN分N乗法（世帯所得を世帯員数Nで割った一人当たりの所得に対する税額を計算した後、N倍して世帯の税額を求める方式）で合算年収の半分になり、累進課税制度の下ではもっとも所得税額の総額が低くなる可能性が高かった）の登録が頻繁になったことを意味し、その頃からパックス登録者の社会的、職業的属性や価値観が変わった可能性が高いと指摘されている。

パックス登録者の属性の変化を示した既存研究はなさそうであるが、二〇一〇年初めにはパックス登録者数が一〇〇万人を超えると推計されている。また、フローとしてのパックス登録者の急増にもかかわらず、ストックとして見ると二〇〇九年初めには一八〜三九歳の人口の三％程度しかパックス登録していなかったとも推計されている。

また、二〇〇九年初めのパックス登録者の属性を推計したINSEEでの研究の結果は以下のとおりである。パックス登録者の四六％が子どもと同居していない（有配偶者では一五％）。パックス登録者では子どもと同居する場合でも一子が多く、同居する子どもの平均的な数も有配偶者や非パックス登録同棲者より少ない。子どもが少ないのは最近登録した者が占める割合が高いことにもよると想像される。パックス登録者（九六％）においてはフランス生まれのフランス人の割合が有配偶者（七八％）や同棲者（九二％）よりも高い。また、有配偶者よりもcadre（専門管理職）・中間専門職と高学歴者の割合が高い。年収で見るとパックス登録者は二万四〇〇〇ユーロで、有配偶者（二万ユーロ）や同棲者（一万九〇〇〇ユーロ）より高い。居住地域で見るとパックス登録者はフランス南西部で多く、ミディ・ピレネーで最高となっている。これは夫婦財産制度や相続制度の相違と関連する可能性があるようにも思われる。フォーヴーシャムー（落合恵美子ほか編『歴史人口学と比較家族史』早稲田大学出版部、二〇〇九年）によれば、南西部では夫婦間の共通財産を排除するような慣習法が比較的最近まで残存し、ピレネー地方ではさらに独自性が強く直系家族制も残存していたとのことであり、夫婦共通財産制が適用される傾向がある婚姻よりもパックスが好まれた可能性がある。

五　フランスにおけるパックス登録の要因・影響

多くはないが、いくつかある異性間パックス登録の要因に関する既存研究は、地域差、特に税制改正の影響の地域差に着目するものが多い。また、パックス登録の影響に関する研究であるが、宗教実践に着目した研究もあるし、出生促進効果に関する研究もある。後者の研究はやはり税制改正の影響の地域差に焦点を合わせている。家族形成に対する経済的誘因の影響に関する既存研究によれば、N分N乗法の税制を持つフランスでは家族形成への税制の影響は無視できないからである。

そこで、以下の予備的分析でも地域と宗教に着目する。**図表2—7**は二〇一〇年、二〇〇八年、二〇〇六年「欧州社会調査」のフランス版ミクロデータのほぼ同一モデルによる分析の結果（分析対象は本土居住二〇～三九歳男女）である。左側パネルと中央パネルに示された三回分の調査の分析結果を見ると、同じ要因でも影響が同じ方向のものとマイナスからプラスへと逆転したものがあり、社会経済的地位や価値観の一貫した効果とともに税制改正にともなう行動変化の影響が窺われる。

関連要因（フランス本土）：2006年、2008年、2010年

パックス（vs 婚姻）	パックス（vs 同棲）	同居子あり（vs なし）	出産予定あり（vs なし）
20-24歳 **25-29歳** 専門職 イル・ドゥ・フランス	–	**女性** **有配偶者** **パックス登録者** **同棲者** ムスリム	**25-29歳** **30-34歳** **有配偶者** **パックス登録者** **同棲者** 離別経験者 カトリック **ムスリム**
カトリック 不安定就業者 **準不安定就業者**	20-24歳 失業者 不安定就業者 準不安定就業者	**20-24歳** **25-29歳** **管理職** **準専門職** 学生 郊外	**低学歴者** **学生** 東南部 **子ども同居者**
20-24歳 **25-29歳** **30-34歳** 小都市	**30-34歳** 小都市	**女性** **低学歴者** **有配偶者** **パックス登録者** **同棲者**	–
カトリック **不安定就業者** 準不安定就業者	カトリック 不安定就業者 準不安定就業者 東南部	**20-24歳** **25-29歳** 30-34歳 **高学歴者** **学生** 小都市 西南部	–
20-24歳 25-29歳 **離別経験者** **低学歴者** 専門職 **準専門職** 学生 東南部	**離別経験者** **低学歴者** 専門職 大都市 東南部	**女性** **有配偶者** **パックス登録者** **同棲者** 小都市	–
カトリック 準不安定就業者 イル・ドゥ・フランス	現業職 準不安定就業者 イル・ドゥ・フランス	**20-24歳** **25-29歳** **高学歴者** 学生 失業者 イル・ドゥ・フランス 西南部 東南部 地中海沿岸	–

図表2-7　婚姻、パックス、同棲の

調査年	婚姻（vs 独身）	パックス（vs 独身）	同棲（vs 独身）
2010年 促進要因	**外国人**	イル・ドゥ・フランス	外国人 高学歴者
抑制要因	**20-24歳** **25-29歳** **30-34歳** **離別経験者** 低学歴者 **専門職** 準専門職 学生 **大都市** 小都市 西部 東南部 地中海沿岸	20-24歳 失業者 不安定就業者 準不安定就業者 **大都市**	離別経験者 ムスリム 専門職 **学生** **大都市** 小都市
2008年 促進要因	**カトリック** 外国人 低学歴者	**30-34歳**	–
抑制要因	**20-24歳** **25-29歳** 30-34歳 学生 **失業者** **大都市** 東部 西南部 地中海沿岸	**20-24歳** **不安定就業者** 東部	ムスリム 高学歴者 **学生** 大都市
2006年 促進要因	**女性** カトリック **外国人** 高学歴者 西部	**離別経験者** 低学歴者 東部 東南部	**女性**
抑制要因	**20-24歳** **25-29歳** 管理職 **専門職** 準専門職 **学生** **失業者** **大都市**	**20-24歳** **現業職** 準不安定就業者 イル・ドゥ・フランス	**20-24歳** **ムスリム** **専門職** 学生 **失業者** **大都市** 小都市

注：太字の要因は統計的な有意水準が特に高いもの

資料：欧州社会調査（ESS 2006, ESS 2008, ESS 2010）ミクロデータの筆者によるロジット分析結果

例えば、社会的排除やカトリックであることのパックスに対するマイナスの影響は一貫しているものの、イル・ドゥ・フランスに居住していることの影響はマイナスからプラスへと逆転している。この地域で税制改正の恩恵を受けようとしてパックス登録をする異性カップルが急増した結果なのかもしれない。他方、カトリックであることは婚姻に対してプラスの影響を持ち、ムスリム（イスラーム教徒）であることは同棲に対してマイナスの影響を持つ傾向がある。

右側パネルによれば、同居子があることに対して婚姻（「有配偶者」）、パックス（「パックス登録者」）、同棲（「同棲者」）のいずれもが（独身者との対比で）非常に大きなプラス効果を持つ。婚姻の影響はいずれの年次でも最大でパックスや同棲よりもかなり大きいが、パックスの影響は二〇〇六年には同棲の影響より小さく、二〇〇八年には同棲の影響より大きいが、二〇一〇年にはほぼ同じである。よって、近年、子どもがある同棲者や独身者がパックスに移行したり、パックス登録者の出産が増えたりした可能性もある。二〇一〇年のみ尋ねられていることだが、今後三年間の出産予定に対しても、婚姻（「有配偶者」）、パックス（「パックス登録者」）、同棲（「同棲者」）のいずれもが（独身者との対比で）非常に大きなプラス効果を持つ。三者の影響の差は比較的小さいが、同棲、パックス、婚姻の順に小さくなっている。同居子の有無や出産予定の有無に対しても地域や宗教の影響が見られる。二〇〇六年にはイル・ドゥ・フランス、西南部、東南部、地中海沿岸に居住しているると同居子がある可能性が低く、二〇〇六年にも西南部に居住していると同居子がある可能性が低い。また、二〇一〇年にはカトリックやムスリムは出産予定がある可能性が高いが、東南部居住者は出産予定がある可能性が低い。なお、宗教が婚姻・出生を促進し、同棲を抑制する傾向があることはフランスでの研究によっても示されている。

おわりに

同棲とその関連要因について日仏両国の共通点は少ないが、年齢が高いと同棲が抑制され（低年齢のプラスの効果）学歴が高いことも抑制の要因になるといった両国の共通点が浮き彫りになったように思われる。日仏両国では一九八〇年代半ばまでは類似した年齢別出生率パターンを示していたが、日本では三〇代のキャッチアップ出生や同棲等の非婚カップルからの出生が少ないという理由で差が大きくなっただけでなく、近年、フランスにおける異性間パックスが急増するにつれて出生率が高まったとすれば、日仏両国間の出生率の差がさらに大きくなった可能性も考えられる。ただ、二〇〇五年に婚姻カップルと同等の所得税制上の優遇が受けられるようになってから、異性間パックス登録者の属性が変化し、登録された同居型異性カップルの総数が増加したことは確かであろうが、それが出生率の上昇に結びついたかどうかについては今後蓄積されたミクロ（個票）データの分析を待つ必要はある。しかし、マクロ（集計）データの分析には、同居型異性カップルの総数が増えたことが出生率を上昇させたとするものもある。

政府の若年層支援が少ない状況では、若年層の支援の責任が家族によって担われるため、家族と市場の状況によって結婚、同棲等のカップル形成を含むライフコース戦略が左右されがちである。日本では今のところ、婚前で短期の同棲が多いが、欧米諸国でも短期のものが増えてから比較的短い期間で長期のものも増えたので、日本でもこれから長期のものが増える可能性はある。フランスを含む西欧諸国では社会経済変動や家族変動に即して家族政策が変化するとともに、その対応や対応の遅れにつれて同棲戦略や結婚戦略をはじめとする個人レベルのライフコース戦略も変化しているようである。日本でもまた、家族政策の変化の遅れが個人レベルのライフコース戦略を変化させてきたようである。そこで、日本でも長期の同棲が増えたりするような場合、パックスのような制度の導入と登録者の支援を検討する意味はあるように思われる。

日本では長時間労働等の就業関連属性が同棲の関連要因として大きな位置を占めるところから見て、また、ワークライフバランス政策が恵まれた階層を対象とする傾向があるため、「日本型パックス」が税制上・社会保障上の優遇措置（例えば、正規の職に就いているパートナーが不安定就業のパートナーを扶養親族として申告できたり、正規の職に就いている親が不安定就業の成人の子だけでなく、同じく不安定就業のそのパートナーも扶養親族として申告できたりするようにする）や公営住宅入居に関する優遇措置をともなえば、結婚・出生を促進する効果があるかもしれない。しかし、それらの優遇措置をともなうような「日本型パックス」は結婚・出生促進策というよりも夫婦別姓をはじめとする結婚以外のライフスタイルを望む異性カップルや現在の結婚制度外の同性カップルに対する支援策としての意味の方が大きいように思われる。また、遺産相続等に関するトラブルを避けるために同棲やLATを続けている高齢離死別者の非婚カップルに対する支援策ともなりうる。

以上を通じて、「日本型パックス」は日本を「おひとりさま」社会への方向から「おふたりさま」社会への方向へと転換させる可能性がある。なお、日本でも宗教がカップル形成行動や結婚促進政策に対する意識に影響を及ぼしていることが示されているので、「日本型パックス」を制度化する際には宗教や地域文化の違いにも十分な配慮をする必要があろう。

参考文献

・Emilio Gutiérrez and Pablo Suárez Becerra, "The Relationship between Civil Unions and Fertility in France: A Preliminary Evidence," *Review of Economics of the Household*, published on line on 6 December 2010
・小島宏「アンケート結果の3ヵ国比較」内閣府政策統括官（共生社会政策担当）、『アジア地域（韓国、シンガポール、日本）における少子化対策の比較調査研究報告書』、二〇〇九年, pp.372-404
・小島宏「東アジアにおける同棲とその関連要因」『人口問題研究』第六六巻第一号、二〇一〇年, pp.17-48
・Hiroshi Kojima et Jean-Louis Rallu, "La fécondité au Japon et en France," *Population*, Vol.52, No. 5, 1997, pp.1143-1172
・Caroline Mécary (2009) *Le PACS*, 3e édition 2010. Paris: Dalloz
・内閣府政策統括官（共生社会政策担当）、『少子化社会に関する国際意識調査報告書』、二〇〇六年
・Jean-Louis Rallu and Hiroshi Kojima, "Determinants of Non-Formation of Partnership: A French-Japanese Comparison," *Japanese Journal of Population, special issue*, 2002, pp.1-23

第3章　日本法における婚姻規範の強さと現実との乖離

――自由への求めとその課題

二宮周平

はじめに

日本女性が結婚しないで子どもを産むことが、フランスに比べて著しく少ない背景には、日本社会に出産＝婚姻という意識・規範が根強く残っているからであり、それを下支えする法制度があるからである。本章では、まずこの過程を分析する。他方で、日本においても、家族をめぐる現実は変化し、女性のライフスタイルも家族の形態も多様化していることを、いくつかの数値で示す。最後にこのような現実を踏まえるとき、家族に関する法制度はどうあるべきか、その方向性と課題を検討する。

一　家族の民主化と家族法の特質

1　憲法の理念と家制度の廃止

一九四六年に公布された日本国憲法で、婚姻・離婚・家族に関する法律は、個人の尊厳と両性の本質的平等に立脚して制定されるべきことが示された（憲法二四条）。これに基づいて、一九四七年に改正された民法の大きな特徴は、明治時代以来の家制度を廃止し、男女の平等を徹底したことであり、家族を、夫と妻、親と子、親族相互の個人と個人の権利義務関係として規定し、個人を基礎にしたことである。家制度とは、家族の長としての戸主が家族を統率し、家族は戸主の命令に服する仕組みであり、戸主の地位は、家督相続として長男に承継されていた。これを廃止したのである。

これらの改正によって、当時、世界で最も男女平等の進んだ家族法となった。

一九四七年、憲法普及会によって『新しい憲法　明るい生活』という冊子が刊行された。「大切に保存して多くの人々で回読して下さい」とのキャプションつきである。そこには、次のような記述があった。

「わが国では、とかく女は男より一段と低いものとして扱われがちであった。人と

民法と家族法

民法は人の財産関係や家族関係を規律する法律で、総則、物権、債権、親族、相続の五編、一〇四四条から構成される。一八九八年に制定され、一九四七年に親族、相続編が大改正された。親族、相続編をあわせて家族法と称する。

しての貴さは、女も男も何のかわりもない。

これまで結婚の場合など、自分がいやだと思っても親の意見に従わなければならぬことがあった。しかし新憲法では、結婚は男女の気持ちがあった場合だけに行われるので、自分の心に合わない結婚をさせられることのないように定めてある。

また夫婦は同等の権利を持ち、財産のことや相続のことについても、今までのように男だけを重く扱い女を軽んずるということのないようになった。戸主や父親だけが特別に一家の中心となっていたわが国のむかしからの『家』の制度もかわって、お互いの人格を尊び男女の平等を主眼として家庭を営むように改められた。

このように男と女はまったく平等になり、いままでのような家族制度にしばられることはなくなった。そのかわりこれからの男女は結婚や夫婦生活に対して全く自分で責任をおう必要がある。」

婚姻が両性の合意にのみ基づくこと、夫婦が同等の権利を持つこと、お互いの人格を尊重し男女平等の家庭生活を営むこと、お互いに責任を負うことが述べられており、憲法二四条の理念が具体的に明らかにされている。こうした理念は、その後の法制度においてどのように実現されたのだろうか。

２　協議を優先する仕組み

改正民法は、男女・夫婦の平等を前提に、当事者の協議によって家族に関するさまざまな事柄を決定し、必要な場合には家庭裁判所が援助する仕組みを採用した。

例えば、婚姻の成立（民法七三九条）、夫婦の氏の選択（七五〇条、夫婦の協議によって、夫の氏、妻の氏のどちらかを夫婦の氏に定める）は、当事者の合意で決定され、同居協力扶助義務（七五二条）、婚姻費用分担義務（七六〇条）、子に対する共同親権（八一八条三項、子を監護教育する権利と義務）、親の扶養（八七七〜八七九条）、離婚（七六三条）、離婚の際の財産分与（七六八条）、離婚の場合や婚外子の親権者の決定（八一九条一項、四項）などは、まずは協議をすることとされ、まとまらなければ家庭裁判所が調停や審判で処理する。

協議とは話し合いのことである。対等な男女の話し合いによる家族の運営に価値がおかれ、改正民法は、話し合い＝家族の民主化を目指すものとして、積極的に意義づけられた。民法改正において主要な役割を担った我妻榮（当時、東京大学教授、臨時法制調査会委員、司法法制審議会委員）は、改正前に次のように述べていた。

「例えば、夫婦関係の冒頭には『婚姻は夫婦の平等の権利を基礎とし、相互の協力によつて維持されなければならない』というような、又親子関係の冒頭には『両親が協力して子を養育し、これを肉体的・精神的に完成させることは、その崇高な権利であるとともに義務である。』というような、いわば教育的な大原則を掲げ、細かな問題はこの大精神を指導原理として常識的に解決してゆくことにする、という態度が必要であろう。……めったに生じない場合を予想して正確な法律を作ることは、法律家の自己満足になるだけで、実際の効果は案外少ないものである。身分関係などについては、『法三章』で満足する位の度胸がなくては、法律形式の民主化は望みえない。」（我妻榮「新憲法と民法改正の方向」東京新聞一九四六年六月一二日）

しかし、協議をし合意によって決めることを優先する仕組みの下では、その当時の社会慣行に従ったり、経済的に力の強い側の意見に従って、右記のような事柄について合意が形成されていくことが多い。合意による決定には、日本社会の現状がそのまま反映するのである。しかも家族に関する法制度には、何よりも婚姻を優先する仕組みがあり、その相互作用によって、日本独特の家族意識・婚姻規範が維持・強化されていった。

二　氏と戸籍が裏付ける日本独特の家族像

1　家族共同生活の尊重

第一に、改正民法において、夫婦同氏、親子同氏の原則を採用したことが大きい。我妻榮は、臨時法制調査会総会（一九四六年八月二二日）において、次のように発言している。

「夫婦は氏を同じうして、共に夫の氏を称するのだ、それから養子に行けば養家の氏を称するのだ、離婚に依って夫婦別れをすれば氏を異にすることになるのだ、又嫁入った人が夫に死別して実家に帰るということになれば、之は又元の氏に帰るのだという、我々の家族共同生活が或る場合に集り、或る場合に分れるというのを、氏を変更するという、そういう観念で現していこう、そうしてそれを基礎として、親が子供に対して親権を行使する場合には氏を同じうする親というういき方でいこう、……又扶養というようなことも、氏を同じうするかしないかという所を一つの拠り所として之を考えていこう、かように氏というものを頭の中に考えまして、その氏を同じうするか、しないかということが現実の共同生活が一緒になる、ならぬという所を抑える一つの拠り所にしようという風に考えている訳であります。」

夫婦・親子が同じ氏を名乗ることが家族共同生活の実体と重ねられている。ただし、最終的には、同じ氏の親が親権者となり、同じ氏の親族が扶養の権利義務を有するという制度は採用されなかった。

法改正は、家族関係を登録し公けに証明する制度（公証制度）である戸籍にも及ぶ。明治民法の時代には、戸籍は家制度を体現するものとして機能していた。戸主および家族は同じ氏を名乗り、一つの戸籍に記載されたからである。民法改正にともない、ＧＨＱ（連合国軍総司令部）からは、国民一人一人の戸籍を作るべきことが示唆された。しかし、ＧＨＱとの会談において、司法省担当者は次のように発言している。

「民法改正案によって、『家』はなくなった。そこで戸籍は一人一人別にして作るのがよかろうが、それは非常に手数がかかり、面倒である。そこでどの程度で限るかということになるが、今度は婚姻を重視しているから、婚姻を主にし、婚姻をすれば戸籍を別にし、子供ができれば、その戸籍内に記載する。即ち、夫婦と子供を一つのグループにしたままで、『家』の温存などは勿論考えていない。」

こうして戸籍は、一組の夫婦およびこれと氏を同じくする子ごとに編製されることとなった（戸籍法六条）。夫婦と親子という家族共同生活体（近代的小家族）が同一の姓（呼称）をもち、同一の戸籍に記載されるのである。一九四八年一月以降、婚姻するカップルは、婚姻の届出をすると、夫も妻もその親の戸籍から除籍され、夫婦の新戸籍が編製される。編製原理の変更は、家族の単位が、家から、近代的小家族へ転換したことを具体的に国民に認識させるきっかけとなった。つまり夫婦とその間に生まれた子どもが一組の家族として把握され、家族の標準的モデルとして認識されるようになったのである。

2　家族政策と家族モデル

こうした夫婦と子どもという家族は、一九五〇年代後半からの高度経済成長期の家族モデルと一致した。夫が勤労者として稼ぎ、妻は家庭に入り、家事・育児・介護に従事するという性別役割分業型の家族である。そこには独特の生活様式がある。

つまり、家事・育児に従事する主婦は、家事労働が無償の労働であるため、たとえパート労働をしていても自分で生計を立てることができないから、生計維持者としての夫を必要とする。他方、夫は自分で育児や介護を担えない。長時間の残業、休日や深夜の勤務が常態化する職場環境では、自らの労働力の再生産すら行えないから、育児・介護・自分の世話係として、主婦を必要とする。男と女が結婚し夫婦一体となって初めて生計の維持と家庭の維持が可能になるという生活様式であり、外で働く夫と家事の妻を基礎的単位とするのである。まさに二人三脚であり、一方が病気や事故でころぶと、生活が保持できないもろさを抱えていた。だから、夫は万一に備えた貯えのためにも懸命に働き、妻は「愛」という名で夫の健康管理に気を配り、子どもを育てた。

日本の家族政策は、主として税および社会保障において、どのような家族をモデルとして法的に保護するかという形で現れた。例えば、税制では、サラリーマンの専業主婦世帯について、夫の所得から一定額（現在は、三八万円）を控除した残額に、所得税を課税する制度（配偶者控除制度）があり、減税効果がある。社会保障では、専業主婦は被扶養者として、夫の健康保険を利用したり、夫の死亡に際して遺族年金（夫の受給額の約七割程度）を受給したり、自ら保険料を納めることなく、国民年金基礎年金の受給権を取得できるなど、多くの優遇措置がある。

いずれも家事・育児・介護に従事する主婦を保護するものである。主婦がこうした労働を担うことによって、保育所や介護施設などへの社会資本の投下を節約し、余剰を経済のインフラ整備に回すことが可能となった。「日本型福祉社会」と言われたもので、家族は「含み資産」とすら位置づけられていた。高度経済成長を舞台裏で支えたのは、このような性別役割分業であり、ぼう大な主婦による無償の家事労働だったのである。

他方、税制や社会保障の法的保護は、専業主婦型の男女の共同生活にとって「お得」であり、婚姻へと誘導する効果を持った。ここに、実利的な婚姻規範が形成されていく。と同時に、出産・育児という次世代の再生産機能は、夫婦の家庭内の事柄として私事化され、それが社会的な課題であり、社会的な支援が不可欠であるという視点を欠いていった。

3　家族法による婚姻規範の強化

家族法は、このような家族モデルを前提に、家事・育児に従事する妻の生活を保障することを主な課題とした。

例えば、夫婦には同居協力扶助義務があるから、妻が専業主婦の場合には、夫は妻の生活費をみなければならず、夫婦仲が冷えて、別居するようになっても、この義務はなくならない。離婚しても、妻が生活に困るような状態であれば、財産分与として、離婚後も扶養を継続しなければならない。夫が死亡すれば、配偶者相続権がある。事故死などであれば、加害者に損害賠償請求できる。

しかも、妻の地位それ自体が厚く保護された。例えば、夫が不倫をすれば、妻は相手方である女性に対して、妻の地位を侵害したとして、あるいは家庭共同生活の平和を侵害したとして、不法行為による慰謝料を請求できる。もし婚姻外で子どもが生まれても、「非嫡出子」として相続分で差別される（民法九〇〇条四号ただし書前段）。さらに、夫がこの女性と暮らしたいと思い、妻に離婚を求めても、妻が納得して協議離婚に応じない限り、離婚は成立しない。離婚裁判を起こしても、裁判所は、婚姻の破綻について責任のある方（有責配偶者）からの離婚請求を認めない（最高裁一九五二年二月一九日判決）。このように家族法の裁判は、妻の地位を守り、生活の保障を与えた。それは、妻が安心して、家事・育児に専念することを可能にし、そのことの反射として、夫が安心して仕事に没頭できる場を作ったと言える。

一九八〇年代後半、男女雇用機会均等法が成立した。女性の職場進出を後押しし、児童扶養手当法など離婚母子世帯への社会保障もある程度進み、離婚後の再就職の途も少しずつ広がりつつあったことなどから、有責配偶者からの離婚請求や不貞の慰謝料に関する裁判も修正された。

例えば、最高裁大法廷は、有責配偶者からの離婚請求であっても、①夫婦の別居が両当事者の年齢及び同居期間との対比において相当の長期間に及び、②その間に未成熟子が存在しない場合には、③相手方が離婚により精神的、社会的、経済的に苛酷な状態に陥るような特段の事情がない限り、離婚請求は認められるとした（最高裁大法廷一九八七年九月二日判決）。また、不貞の慰謝料については、不貞行為のあった時点で婚姻がすでに破綻していた場合には、婚姻共同生活の平和の維持という保護法益が存在しないことから、不法行為は成立しないとした（最高裁一九九六年三月二六日判決）。こうして法的な保護が、形式的な婚姻の存在から婚姻の実体の有無、実質性に求められていく。しかし、婚姻共同生活が安定的に続いていた場合には、まさに婚姻の実体が存在するのだから、妻は自らに非がない限り、法によってその地位を護られるのである。

ここでも婚姻は他の男女関係に比べて圧倒的に優位な立場にあり、婚姻と法的な保護が直接、結びつくことから、婚姻への規範意識を強化することとなった。

4　婚姻と親子の関係

こうした婚姻の特権化をさらに強化したのが、婚姻と親子の関係である。まず、婚姻関係にない男女から生まれた子ども（婚外子、民法では「嫡出でない子」という）には、法的な差別が存在する。第一に、相続分差別である。被相続人に婚内子（婚姻関係にある男女から生まれた子ども、民法では「嫡出子」という）と婚外子がいる場合には、婚外子の相続分は婚内子の二分の一となる。

第二に、婚外子と父との間の法律上の親子関係が成立するためには、父の認知が必要であり（民法七七九条の解釈）、父が認知しない限り、血のつながりがあっても、法律上は父子にはならない。父は、母や未成年の子どもの承諾なしに、一方的に認知ができるのに対して、父が認知しようとしない場合には、子どもまたは法定代理人（多くは親権者である母）から認知の裁判を起こす必要がある。父が死亡した場合には、死後三年以内に裁判を起こさなければならない（民法七八七条）。

第三に、婚外子が事実婚で生まれ、父母と同居し、父母が共同して子育てをしていても、婚外子は父または母のいずれかの単独親権となる（民法八一九条四項）。

第四に、戸籍における父母との続柄や住民票における世帯主との続柄表記において、婚内子は「長男」「長女」「二男」「二女」などと記載され、婚外子は「男」「女」（戸籍）あるいは「子」（住民票）と記載されたため、婚外子であることが一目瞭然となっていた。

これに対して、婚内子の父子関係については、婚姻中に妻が懐胎した子どもは夫の子どもと推定される（民法七七二条一項）。また裁判と戸籍実務により、妻が婚姻前に懐胎していた子どもでも、婚姻後に生まれれば、夫の「嫡出子」としての出生届が可能になっている。婚内子の場合、認知など特別な行為を行わなくても、出生の時点で父が確保される。相続分においても有利であり、父母が婚姻中は、父母の共同親権であり、戸籍や住民票などでも「長男」「長女」などと記載され、正当な家族の子どもだという位置づけがなされてきた。

まさに父母の婚姻が親子関係を規定するのであり、出産するのであれば、婚姻をすべきという、親子関係における婚姻規範が強化された。「できちゃった婚」の背景にあるのは、この仕組みだと言える。

三　家族をめぐる現実の変化

一九八〇年代以降、女性の社会進出と地位の向上という国際的な潮流は、日本においても、家族の実態の変化をもたらした。

1　女性のライフスタイルの変化

まず女性のライフスタイルと意識が変化したことに着目したい。男性雇用者と無業の妻からなる世帯（専業主婦世帯）は、一九八〇年の一一一四万世帯から、二〇〇九年には、八三一万世帯となり、約二八〇万世帯減少したのに対して、共働き世帯は、六一四万世帯から九九六万世帯となり、約三八〇万世帯増加している。二〇〇九年時点で、雇用者（就業者）の四一・五％は女性である。

これに対応して、女性が職業をもつことに対する意識も変化している。内閣府『男女共同参画白書』（二〇一〇年版）によれば、例えば、①「結婚するまでは職業を持つ方がよい」と回答した男性は、一九七二年には二六・二％だったが、二〇〇七年には四・七％と、当時の六分の一まで減少した。女性も、一八・六％から五・一％と、四分の一近く減少している。②「子どもができたら職業をやめ、大きくなったら再び職業をもつ方がよい」は、男性が二〇・九％から三二・二％に増えた一方、女性は三九・五％から三三・八％に減少した。注目すべきは、③「子どもができてもずっと職業をつづける方がよい」が、男性九・七％から四〇・九％へ、女性が一一・五％から四五・五％へと、男性女性ともに四倍に増えていることである。女性が婚姻しても職業をもつことは自然な選択になりつつある。

「男は仕事、女は家庭」という伝統的な性別役割分業型の家族像は、国民の意識として、もはや標準的な家族モデルではなくなったことが分かる。他方で、「女は家庭も仕事も」という二重の責任を負わせる「新・性別役割分業」になったと批判されたものの、「家庭も仕事も」が責任であるならば、両立の支援こそが課題であり、それは男性にとっても同じであることが認識されるようにもなった。ここに「男女共同参画社会」という理念が誕生した（一九九九年、男女共同参画社会基本法が成立）。

2　家族の多様化

次に家族の形態が多様化していることに着目したい。二〇〇五年の国勢調査によれば、世帯構成は、「夫婦と子から成る世帯」二九・九％、「ひとり暮らし世帯」二九・五％、「夫婦のみの世帯」

一九・六％、「ひとり親と子から成る世帯」八・四％であったが、二〇一〇年の国勢調査速報値によれば、ついに「ひとり暮らし世帯」（三一・二％）が「夫婦と子から成る世帯」（二八・七％）を上回った。「夫婦と子」という家族はいまや標準的とは言えない。

他方で、離婚と再婚は日常化している。離婚は毎年二五万件を超える（二五万一三七八件、二〇一〇年）。父母の離婚を経験する子は、毎年二五万人前後であり（二四万七七六一人以上、同）、婚姻の四分の一は再婚（一方・双方を含めて）である。

さらにライフスタイルも多様化している。生涯、婚姻の経験のないシングル、事実婚カップル、ＧＩＤ（Gender Identity Disorder, 性同一性障がい者）や同性カップル、複数の高齢者による共同生活など、多様な家庭、生活人の生き方が模索されている。

男女の雇用形態および賃金の格差はあっても、少子高齢化の中で女性の雇用が後退することはない。女性の経済的な自立の傾向はさらに進み、家族の生活も多様化するのだから、夫婦と子どもという家族モデル、夫婦の性別役割分業を前提とすることは、現実に適合していない。多様な家族生活の多様なニーズに応えられるものに、社会の仕組みを転換していく必要がある。

四　自由への求めとその課題

１　民法改正の動向

一九九六年二月、法制審議会は法務大臣の諮問に応えて、「民法の一部を改正する法律案要綱」

を答申した。その内容は、①婚姻最低年齢の男女平等化（現行男性一八歳、女性一六歳を男女とも一八歳にする）、②女性のみの再婚禁止期間の短縮（現行では、女性は前婚解消後六ヵ月婚姻をすることができないが、これを一〇〇日に短縮する）、③選択的夫婦別姓制度（婚姻の際に、夫婦同姓、夫婦別姓を選択することができる制度）の導入、④五年程度以上の婚姻の本旨に反する別居を裁判離婚原因とする、⑤離婚の際の財産分与について、その内容を具体的に規定し、離婚後の子の養育費分担及び親子の交流について明文化する、⑥婚外子の相続分差別の廃止である。

底流にあるのは、女性の自立化の傾向を踏まえた上で、個人の尊厳と両性の本質的平等にできるだけ近づこうとする流れである。しかし、③に対して議論が起こり、一部の宗教団体、国会議員や地方議会議員の中には、選択的でも「夫婦別姓」を認めることは、「家族の崩壊を招く」「夫婦・親子の絆を弱くする」「家族の一体感が損なわれる」として強硬に反対する者がおり、政府案として国会上程を阻むほどである（二〇一二年九月現在）。

改正法案は、別姓を望む人は別姓に、同姓を望む人には同姓にという選択制であり、選択の自由を広げようとする制度である。別姓を望まない人には別姓を強要しないのだから、誰にも迷惑はかからない。それなのにこれほど強く反対するのは、選択制を通じて多様な家族観が肯定されることで、家族の秩序が弱まるのではないかというおそれや、夫婦別姓の主張に、女性の権利主張・自己主張を感じ取っているからである。

市民運動として広がった夫婦別姓の主張は、単に女性が旧姓を名乗ればよいというものではなかった。姓名（氏名）は自己の人格の象徴だから、自分の生来の姓を名乗り続けることに、妻・

母・嫁としての役割ではなく、女性個人としての生き方を尊重し、対等な夫婦関係を築きたいという願いが込められていた。反対派にとっては、これが困るのである。こうした主張が少数であっても、従来型の家族観の本丸を覆すからである。つまり、家族の多様性と女性の願いを法制度化し承認すると、性別役割分業型の家族を標準的な家族とし、「女は家庭」「主人としての夫に従うのは当然」として、家事・育児・介護の役割を女性に押しつけることができなくなるからである。

ところで選択的夫婦別姓制度を導入する理由について、一九九四年七月の法務省民事局参事官室「婚姻制度等に関する民法改正要綱試案の説明」は次のように説明している。

ａ「国民の価値観・人生観が多様化してきたことを背景として、国民のかなりの層に夫婦別氏制の採用を求める声が存在していること」、「婚姻及び離婚制度の見直し審議に関する中間報告（論点整理）」（一九九二年一二月）に対する意見においても、「その理由付けはさまざまであるが、別氏制を採用すべきであるとする意見が支配的だったことにかんがみれば、夫婦の氏についても、画一的に同氏とする制度ではなく、個人の人生観・価値観の違いを許容する制度に改めるべきであると考えられる」。

ｂ　法理論の面においても、「ますます個人の尊厳に対する自覚が高まりをみせている状況を考慮すれば、個人の氏に対する人格的利益を法制度上保護すべき時期が到来しているといって差し支えなかろう」。

ｃ「夫婦が別氏を称することが、夫婦・親子関係の本質なり理念に反するものではないことは、既に世界の多くの国において夫婦別氏制が実現していることの一事をとっても明らかである」。

ａの価値観の多様化、ｃの夫婦・親子関係の本質・理念との整合性を背景に、法的な論理としてｂが位置づけられた。この方向性を、個人個人の家族に対する主観的な思いや価値観によって左右させてはならないように思う。客観的な議論の積み重ねが必要である。

なお二〇一一年六月の親子に関する規定の一部改正により、⑤の養育費の分担義務と親子の交流については、明文化された（民法七六六条）。⑥については、後述のように違憲判決が続出するようになっており、法改正がなされる可能性がある。

２　「多様性」が意味するもの

多様性とは、何かを中心的な制度、標準的な制度とすることを否定することを意味する。二〇〇〇年一二月、日本政府が策定した男女共同参画基本計画では、「個人がどのような生き方を選択しても、それに対して中立的に働くよう、社会制度・慣行について個人単位の考え方に改めるなど必要に応じて見直しを行う」と記している。この中立性の原則は、二〇〇五年の第二次基本計画、二〇一〇年の第三次基本計画でも踏襲されている。つまり、これまでのように性別役割分業型の婚姻家族を標準的な家族として、税法や社会保障法で優遇するような政策をとらないことを意味する。制度の基本を個人に置くことから、家族の多様性を承認することが可能となる。より具体的には、少数派の選択が保障されることとなる。

例えば、選択的夫婦別姓制度について、この視点から取り上げてみる。二〇〇六年の内閣府の世論調査では、選択的夫婦別姓制度の導入につき、賛成と反対が拮抗しているとけん伝された（容認三六・〇%、反対三五・五%)。しかし、二〇～五〇代では、導入賛成が多数派である(四二・五%対二五・一%)。世論の動向を、婚姻の当事者になる世代、子どもの婚姻に直面する可能性の高い世代について見れば、かつての政府の答弁とは逆に、法改正は必至となる。ただし、実際に制度が導入された場合、自分が夫婦別氏を選択するかといえば、それは少数であり(二〇・九%)、「別氏だと子どもに好ましくない影響がある」との回答が六六・二%もある。ライフスタイルを異にする少数派に対して、社会が非寛容なのではないかという不安感がなお根強いことを示唆するものである。

個人を単位として、少数派の選択を可能にするには、法制度による「承認」というプロセスが欠かせないのである。

3　家族における法の役割

法の果たす重要な役割は、家族内における個人の人格・身体の自由への侵害に対して、被害者を護るために法が介入することである。DVや児童虐待、高齢者虐待への介入はその典型例である。「児童の虐待の防止等に関する法律」(二〇〇〇年。二〇〇四年、二〇〇七年改正)、「配偶者からの暴力の防止及び被害者の保護に関する法律」(二〇〇一年。二〇〇四年、二〇〇七年改正)、「高齢者虐待の防止、高齢者の養護者に対する支援等に関する法律」(二〇〇五年)は、「法は家庭に入らず」の原則の下に放置されてきた家庭内の暴力に対して、行政や警察が公的に介入する道を開いた。法による人権の保障であり、法の最も典型的な役割である。

法のもう一つの重要な役割は、前述した「承認」である。家族を個人と個人の関係としてとらえ直すとき、当事者が対等な合意の下、パートナー関係を形成する自由、家族生活を営む自由が保障されなければならない。もちろん法制度が当事者の合意形成に介入することは最小限にとどめられるべきである。他方で、自由な合意形成を支援する仕組みが欠かせない。あるライフスタイル、家族生活に対して社会的な偏見や差別が強い場合には、そうしたスタイルや生活を選択することが困難となるからである。そこで法がそのスタイルや生活を「承認」することによって社会的な認知度が上がり、差別や偏見をなくす可能性が出てくる。

例えば、ＧＩＤ（性同一性障がい）に関して、一定の要件の下に性別取扱いの変更を認める法律（「性同一性障害者の性別取扱いの特例に関する法律」）を作ることによって、ＧＩＤに対する社会的な認識をある程度深めることができた。

また婚外子に関しても、戸籍の父母との続柄、住民票の世帯主との続柄記載を平等化したり（前者は、婚外子も「長男」「長女」などと記載し、後者は、婚内子を「子」と記載する）、婚外子が父に認知された場合に児童扶養手当の支給を停止する規定を削除したり、日本人父と外国人母の婚外子について、父の認知によって日本国籍を取得することを可能とする法改正（国籍法三条）をしたりなど、平等化が進んでいる。残る重要な課題は、相続分差別の廃止と、父母の共同親権を可能とすることである。これらが改正されると、婚外子に対する社会の差別的な認識は確実に変わる

特例法の要件

①二〇歳以上、②現に婚姻していないこと、③現に未成年の子がいないこと、④生殖腺を断ち、⑤外観の形成を伴う性別適合手術（性転換手術）を受けていること、である。

ものと思われる。婚外子出生率も上がることが予想される。

４　自由への求め

ある程度の経済成長が達成され、女性の職場進出が進み、女性の居場所が婚姻と家族だけではなくなると、それぞれのライフスタイルに適合した家族のあり方が求められ始める。それは経済的な豊かさとは別の次元の生活の質の向上であり、そのためには選択の自由が保障される必要がある。

第一に、パートナー関係を形成する自由である。現在、婚姻の届出をしていないが、実際に共同生活を営んでいるカップルがいる。夫婦別姓の実践、婚姻するまでの経過的な同居、高齢者が子どもの相続権に配慮し、再婚の代わりに事実婚を選ぶ、配偶者と離婚できなかったり、おじとめいなど近親婚的関係であるため、法的に婚姻をすることができないなど、さまざまな事情で事実婚が選択されている。日本の裁判所や社会保障法は、事実婚に対してできるだけ共同生活に関する権利義務（扶養や社会保障の権利、共同生活解消の際の財産の清算、自立できない方への経済的援助など）を保障してきた（**図表３―１**）。しかし、事実婚当事者の一方が死亡した場合には相続権がないこと、継続的な同居を欠く関係では前述の保障が難しいことなど、問題点もある。

さらに同性カップルに対して、事実婚としての生活保障を認めるかどうかについても、日本では立法も裁判もない。各国を見ると、同性婚は、オランダ、ベルギー、ノルウェー、スウェーデン、カナダ、スペイン、ポルトガルなどで認められている。婚姻は認めないが、パートナーとしての登録を認め、婚姻に類した権利義務を保障する登録制度は、北欧、ドイツ、フランス、イギリス、米

図表３-１　法律婚と事実婚の比較対照

	法律婚	事実婚
①夫婦の氏と戸籍	同氏・同戸籍	別氏・別戸籍
②配偶者の血族との関係（姻族関係） ・姻族に対する扶養義務	発生する 生じることあり	発生しない 生じない
③配偶者の相続権 ・相続税に関する減免措置	あり あり	なし なし
④貞操義務・同居協力義務・生活費用分担義務・夫婦間の扶養義務・家庭生活に必要な債務の連帯責任	あり	あり（判例）
⑤配偶者が事故死した場合の損害賠償・慰謝料請求・保険金の請求	認める	認める（判例）
⑥所得税・住民税の配偶者控除	あり	なし
⑦健康保険の被扶養者としての利用	認める	認める（条文）
⑧配偶者の遺族年金	認める	認める（条文）
⑨生まれた子どもの身分	嫡出子	嫡出でない子
⑩関係の解消	離婚手続	別居で終了
⑪離婚の際の財産分与	認める	認める（判例）

作成：二宮周平
出典：木本喜美子編『セカンドマリッジガイド』（KDD クリエイティブ、1995年）

国のいくつかの州などで認められている。これらの国々では、同性カップルの社会的承認がある程度進み、現在の焦眉の課題は、親子関係へのアクセスである。a．同性カップルが未成年の子どもを共同で養子にすることができるか、b．生殖補助医療を用いて子どもをもうけることができるか、c．すでに子どものいる当事者が離婚して同性パートナーと暮らしている場合に、子どもの養育権や面会交流権が認められるか、d．子どもと同性パートナーとの間で養子縁組を結ぶことができるかなどである。

日本ではパートナー登録制度

の議論が始まったところである。家族が人と物の生産的機能を失った現在、婚姻の意義を生殖・子育ての保障ではなくパートナー関係と共同生活の安定化に求めるのであれば、また人が自己の性的指向に基づいて、パートナーと親密な関係を形成し共同生活を営むことを個人の尊厳および幸福追求として保障すべきだとすれば、同性カップルを異性カップルと区別する必要はない。同性同士の婚姻を認めることもできるし、婚姻としての登録を求めないカップルには、同性カップル、異性カップルを問わず、それぞれのライフスタイルに適った親密な共同生活、共同関係をそのまま承認し、前述の共同生活に関する権利義務を保障する方向が考えられる。

第二に、家族を形成する自由である。家族の形成とは、ここでは人が子どもをもうけることを指す。この前提にあるのが、子どもの平等と父母の子どもに対する共同責任である。したがって、①婚外子に対する相続分差別をなくすこと、②父母の子どもに対する責任は、父母の婚姻関係に左右されるべきではなく、離婚や婚外

養子制度と里親制度

日本の場合、養子縁組には、普通養子と特別養子がある。前者は、養親となるべき者と養子となるべき者が縁組の届出をすることによって成立する。一五歳未満の子の場合には、親権者や後見人が子の代わりに承諾する。後者は、家庭裁判所の審判によって成立する縁組で、実親が子を養育できない事情などがある場合に、原則として六歳未満の子について縁組をすることができる。この場合には、実親との法律上の親子関係が消滅する。

里親制度は、養子縁組とは異なり、法律上の親子関係を作らない。家庭環境に恵まれない子を自分の家庭に引き取って養育するもので、児童福祉法で定められている。児童相談所に里親として登録され、子の養育を委託されると、養育費が自治体から支給される。

子の場合も父母の共同親権を原則とすることが求められる。

実子をもうけることが難しい場合には、養子制度や里親制度の利用が可能である。どちらの制度も家庭環境に恵まれない子どものために存在する。子どものいる家庭を築きたい、子育てをしたいという親側の欲求があって実現されるものではあるが、縁組や里親の当事者まかせにしないで、社会的な子育てとしての視点から、児童相談所や専門機関などが支援して、養子や里子にとって安定的な家庭環境を確保する必要がある。

養子制度を利用しない場合には、生殖補助医療を用いて子どもをもつことができる。現在、日本にはこれに関する法律がない。日本産科婦人科学会の会告により、婚姻した夫婦に限定して人工授精と体外受精を実施しており、人工授精については、第三者からの精子提供（ＡＩＤ）も認めている。しかし、子どもをもちたい女性が、生殖補助医療の技術を用いて妊娠・出産することを他の女性に依頼し、生まれた子を引き取るという代理懐胎・代理出産は、認めていない。リスクを伴う妊娠・出産について、他人の身体の利用であること、商業的な要素が介入しがちであることによる。

生殖補助医療においても、最も重視されるべきことは、子どもをもうけたいという親側の願望の実現ではなく、子ども自身の利益である。そのために子どもの自己の出自を知る権利を保障する必要がある。自分が生殖補助医療で生まれたことを知り、精子提供者や出産者を特定できる情報の開示を求めることができる権利のことである。子ども自身のアイデンティティを確立するための権利である。養育している親は子どもに人工授精で生まれたという事実を告知する必要があり、告知しても揺らぐことのないような信頼に基づく安定的な親子関係を確立しておく責任があることになるから、子どもの利益を守る上でかなめとなる権利といえる。

私は、生命の誕生にかかわる者は、誕生後の「育くみ」にもかかわるべきであり、そこに人の生命に対する連帯も生じると考えるので、父母として子どもの養育にかかわることを決意した男女（婚姻した夫婦に限らない）に対しては、自分たちの精子・卵子・受精卵を使う生殖補助医療を認めてよいと思う。他人の精子・卵子・受精卵、他人の子宮を用いる方法は支持しないが、もし認めるとすれば、精子・卵子・受精卵の提供者、代理母が子どもの養育への責任を担うシステム、例えば、子どもを養育している親も提供者も代理母もお互いの情報を共有し、面会したり、交流したりできることが条件となる。生殖補助医療で生まれた子どもの場合、生命の誕生に多くの人がかかわっている。それは子どもに関心を寄せる人がたくさんいることであり、たくさんの保護者がいることでもある。生殖補助医療も、生命の誕生とその後の「育くみ」が連結したものであるべきだから、子どもの出自を知る権利を基本にすえて、システムを構築する必要がある。そして出自を知る権利は、養子制度についても妥当する。

二で述べたように、日本では、氏と戸籍の一体化によって標準的な家族モデルが維持されてきた。この経緯を踏まえるとき、戸籍制度の改革は不可避である。そこで自由への求めの課題の第三として、戸籍を個人単位で編製することをあげたい。前に述べたように現行制度は、明治時代の家制度から、夫婦と子どもを基本とする家族への転換を人々に明示する上で重要な役割を果たした。他方、日本でなお性別役割分業意識や慣行が根強い背景には家意識が残っていることがあり、戸籍にはこれを温存する作用もあった。しかし、家族の多様化、個人化を踏まえるとき、夫婦と子どもという特定の家族像を基本にすることは、現状に合わない。社会的な差別をなくし、多様な家族のあり方を保障し支えるためには、戸籍のあり方も家族関係から中立であるべきであり、個人の自立、個人の尊厳という視点からすれば、個人単位こそ望ましいと考える。

二〇〇八年、韓国は戸主制の廃止にともない戸籍制度を廃止し、個人別にその人の家族関係、つまり父母、配偶者、子を順次記載する「家族関係登録制度」に改めた。人々がこれを肯定的に受け止めていることに注目したい。

おわりに

本章では、今後の課題として、当事者の合意に基づくパートナー関係や家族形成の自由について述べた。自由を認めることは、多様な生き方を認めることであり、さまざまなライフスタイルの人々の平等につながる。また平等があるから、より一層、自由が保障される。家族法の領域では、自由と平等は相互に関連し助け合う関係にある。これらの改革によって、婚姻は風通しのよい制度となり、他の関係を抑圧することもなく、純粋に当事者の人格的な関係を安定させるためのひとつの選択肢になるだろう。これまでの慣行により、多くの人々が婚姻を選択するかもしれないが、それは選択肢のひとつであり、それ以上でも以下でもない。婚姻制度の脱特権化が求められているのである。

参考文献

岡野八代編『自由への問い　⑦　家族――新しい『親密圏』を求めて』岩波書店、二〇一〇年
辻村みよ子編『ジェンダー社会科学の可能性　第一巻　かけがえのない個から――人権と家族をめぐる法と制度』岩波書店、二〇一一年
二宮周平『家族と法』岩波新書、二〇〇七年
法務省民事局参事官室「婚姻制度等に関する民法改正要綱試案の説明」ジュリスト一〇五〇号（一九九四年）所収
民法改正を考える会編『よくわかる民法改正』朝陽会、二〇一〇年

第4章　フランスの法と社会におけるカップルと親子

齊藤笑美子

はじめに

なぜフランスでは婚外子の出生率が高いのか。この問いを裏返してみよう。日本ではなぜ、婚外子が少ないのか。その理由として、経済的なものと道徳的なものをすぐに想像できる。まず、シングルマザーは経済的にやっていけない。不十分な社会保障や社会政策、男女間の賃金格差、ケア責任を担う者が置かれる労働市場での不利な立場……。日本のシングルマザーに経済的困難をもたらす事情は枚挙にいとまがない。そして、結婚しないで子どもをもつことを逸脱視する社会的な道徳が存在する。

「シングルマザー」と特段のことわりなくすでに書いたけれども、結婚しないで子どもを産む女性が、生計を共にするパートナーのいない「真正シングルマザー」であるとは限らない。フランスでは、母親が法的に結婚していないだけで、子どもの父親とともに事実上の核家族を形成していることは珍しくないことである。日本人にはここのところが、よく分からないことであるらしい。このような状況に接して、「子どもの父親との関係が良好なのに、なぜ結婚しないのか?」という方向で訝る。つまり、良好な関係にある男女は子育てのためには結婚するものだ、という道徳的前提がある。

フランスではそのような道徳的前提が、婚外子の多さの前に崩れ去っていることは明白である。そして、法律の面でもそのような道徳の崩壊を裏付ける証拠がいくつもある。ここで前記の問いは反転する。つまり「子を産み育てるために、なぜ結婚するのか?」と。結婚することなく、すなわち夫の経済的庇護をあてにすることなく、子どもを産み育てることができる社会的条件や家族政策があるのかどうかは、本書の第5章で詳しく扱われるはずである。私は、親子の関係とカップルの関係という狭い意味での家族法的側面を中心に検討し（一）、次に生殖秩序の変化を取り上げる（二）。

一　カップルと親子関係の分離

まず、日本と大きく異なる点として、親子関係を規制する法とカップルの関係を規制する法が分離されているということを指摘できる。そのような分離の現れとして、パックス、子どもの平等、親権、養育費の取り立て、姓などを取り上げてみる。

1　カップルの法

フランスの家族法の教科書や法律雑誌を見ると、「結婚」という区分の上位に「カップル」という区分が存在することが分かる。今、私の手元にあるフランスの家族法の教科書では、第一部が「カップル」となっていて、下位項目として「結婚 Mariage」「パックス PACS」「内縁 Concubinage」という三つの編が続いている。一口に「カップル」といっても、フランスにはこのように法で認められた三種のカップルが存在している。

普段フランス法に接しない人にとって一番耳慣れないのはパックスであろう。これは、Pacte Civil de Solidarité（連帯民事契約）の頭文字をとったPACSのことである。二人の人が相手の性別を問わずに結ぶ共同生活契約で、一九九九年に法律で創設された。二人の私人の間の共同生活の契約で、二人の間での相互扶助の仕方や財産に関する取り決めを行うことができる（行わなくても良い）。そしてその契約を裁判所書記課において登録する。そうすると、この契約が二人の間で効力をもつだけでなくて、国家を含めた第三者に対しても法律で決められた効果を発揮する。例えば、パートナーも自動的に疾病保険や出産保険の受給権者になれる、所得税が二人の合計所得に課税されて場合によっては得になる、相続税が優遇される、パートナーが外国人の場合には滞在資格に関して考慮してもらえる、などである。

忘れられがちだが、日本でもフランスでも、特殊ではあるが結婚もまた契約の一種である。結婚とパックスが異なっているのは、結婚は日仏の現状では男女間でしかできないが（フランスでは二〇一三年に同性結婚が合法化される見込み）、フランスのパックスは男同士でも女同士でも、あるいは男女でもよいということ、フランスでの離婚は手続きが大変で時間もかかるがパックスは一方的に破棄できること、伴う特典や義務はやはり結婚の方が大きいこと、そして、後で述べるように、パックスは結婚と異なって親子の法的関係に影響がないことである。結婚している夫婦には父性推定（結婚している間に妻が懐胎した子どもについて、妻の夫を父と推定すること）が働くように、親子とカップルの間に（弱まってはいるが）結びつきがあるのに対して、パックスカップルの女性が出産しても、自動的にその相手が親になったり、子どもを養子にできたりするわけではない。

さて、このような相違があるが、幾度もの法改正を経て経済的恩恵の面でパックスは結婚にかなり近づいており、今日では、結婚と遜色のない税法上の恩恵と簡便さが多くの異性カップルを引き付けている。パックスを作った政治的な目論見は、それまで法外に置かれ、司法からも無視されてきた同性カップルの共同生活に法的な枠組みを与え、同性カップルを承認することであったが、現在では異性カップルの利用が多くなり、異性カップルにとってのパックスは、結婚、内縁と並ぶ共同生活の方式のひとつの選択肢となっている。

ところで、結婚しないカップルの子作りは、多くの日本人にとっては謎の現象であり、少子化に悩む日本において、パックスと高い出生率との関連が注目されることもある。しかし、結婚制度が、日本とフランスではかなり異なるので、結婚しないことの意味も、二国間では相当異なる。フランスでは結婚の厳粛さ・重さ・経済的負担が、若者にとって結婚を魅力のないもの、あるいは今すぐには取り組めないものにし、形式や儀式としての結婚から彼／彼女らを遠ざけているが、カップルとしての共同生活までが放棄されているわけではない。逆にカップル社会の圧力は強力で、相手のない人はかなり肩身の狭い思いをする文化がある。

実際に、パックスを利用するカップルは、どのような意味をパックスに与えているのか。これに

結婚と離婚――日仏の相違

日本では届出によって結婚が成立し、儀式は必要とされていない。日本人はこれが普通だと思っているが、世界的にはそうでもない。フランスでは、市町村役場で市長が挙式を行わなければならない。挙式に先立って市町村役場において掲示の形で、一〇日間の結婚の公示が必要である。これに対して、法律で定められた利害関係者は、近親婚の禁止など結婚が禁止されていることを主張して、「故障の申立」ができることになっている。つまり、こっそり結婚することはできないのである。離婚についても、日本では届出だけで離婚ができるが、フランスでは、合意があっても、離婚のプロセスは長いものになる。まず、弁護士を立てて離婚の申請をしなければならない。当事者は、財産分割、親権、養育費について合意を形成しなければならず、離婚の帰結についての合意を裁判官に提出して承認してもらわなければならない。裁判官は離婚意思が自由なものかを確認して離婚を宣言するのである。フランスの結婚と離婚は、「公的」な関心事なのである。

ついての調査（Rault, 2009）によると、パックスを単に法的な契約として利用するカップルと、そこにそれ以上の象徴的な価値を見出すカップルの二種類がある。この二種類のいずれにも、結婚制度を国家による私生活への介入とみて拒絶する「アンチ・結婚制度」タイプのカップルと、結婚を肯定的にとらえつつそれに至る中間的段階や現在の同棲生活の枠組みとしてパックスを結ぶタイプのカップルが存在する。これらの立場は、異性カップルにも同性カップルにも見られる。

日本で結婚していないことは、多くの場合、意図され選択された結果ではなく、結婚イデオロギーを信奉しながらもそこから疎外されていることを意味するように見える。日本の結婚は、法的には厳粛ではないし、離婚手続きも比較法的に見てかなり容易であるが、イデオロギー的に強い力を持ち続けている。離婚の増加など揺らぎも見られるが、結婚にはいまだに永続的な生活共同体としての期待がかけられるため、男女双方にとってハードルは高くなる。貧困、多忙すぎる仕事、コミュニケーション能力や意欲の低下などで、日常生活で出会いの機会すらつかめないときに、一足飛びにこのような高いハードルを跳躍する夢を抱けば抱くほど、さらに疎外されるであろうことは目に見えている。

この点、生活を共有する相手を持つことは重要であるとしても、結婚しているかどうかはそう重要ではないことになりつつあるフランスの場合と日本では、結婚しないことの意味が相当異なるのではないだろうか。日本で結婚が忌避されているのでなく形式としてはむしろ切望されているのだとすれば、結婚ではないパックスが日本の異性カップルにおいて成功する見込みはあまりないことになる。

それから、パックスそのものは親子関係に関する規制を含まないので、婚外子増加と直接的な関係があるわけではないと思われる。確かに、非婚カップルの関係を安定させ、その子育てを事実上支えるという意味はあるかもしれない。しかし、婚外子の増加は、パックスの創設に先立つ現象である。興味深いことに、単なるカップルの共同生活の枠組みを越えて、パックスを、家族的理由、つまり子育てのための枠組みと見ているのは、結婚についても子育てについても異性カップルと対等には扱われていない同性カップルの方である。現在、フランスでは同性カップルは結婚することはできず、生殖技術の利用やカップルでの養子縁組の利用も許されていない。とはいえ、過去の異性関係や外国での人工生殖技術の利用によって得た子どもを実際に育てている同性カップルは少なくない。このような自明ではない家族形態に象徴的意味を与え、社会的に見えるものにするために、ゲイやレズビアンのカップルがパックスを利用する傾向があるという。むしろ、婚外子の増加は、家族法の中の個人化・平等化という大きな流れに関係していると見るべきだろう。パックスはそうした大きな流れの一部にすぎないように思われる。

実際、パックスを創設する法律案の採択を推し進めた議員は、議会審議において、パックスが家族を壊すと主張する反対派に向かって、子どもの平等を定めた「一九七二年の法律の方がパックスより革命的」と発言している。この言葉は、おそらく核心をついている。次に、その点を考えてみよう。

2　子どもの平等と父性推定の弱体化

近代民法の典型とされるナポレオン民法典（一八〇四年）は、婚外子（自然子 enfant naturel と呼ばれていた）を苛酷な状況に置いてきた。両親が独身である場合の婚外子には一定の権利が与えられていたけれども、裁判による強制認知は禁止されていたので、父親が任意に認知しないかぎり子どもはどうしようもなかった。さらに、結婚している人の婚外関係や近親者間の関係から生まれた子どもは、親子関係を設定することすら禁止されていた（近親者間で生まれた子は、現在でも一人の親としか親子関係を設定できない）。父の支援を受けられない婚外子は苦しい状況に置かれることになる。

婚外子の地位は次第に改善されていくが、それが決定的になるのが一九七二年である。一九七二年の改革は、婚外子を苛酷な状況に置いてきた民法典を改正し、「嫡出子」と「自然子」の平等を定め、「自然子」の相続分区別を廃止するなどした。さらに、二〇〇五年の法改正によって、「嫡出子」と「自然子」という用語そのものが民法典から消滅し、子の身分の区別が廃止されることになった。

もちろん父性推定が消えてなくなったわけではないので、結婚している母親から生まれた子どもには、何もしなくても母の夫が父親と推定される。それに対して、母親が結婚していない場合には（パックスを結んでいようと内縁状態にあろうと）父親は自動的には決まらず認知の必要があるので、「父親の決め方」においての区別は存在する。しかし、この区別に優劣の差はなさそうである。結婚から生じる父子関係の推定は、認知、身分占有（名・扱い・評判といった社会的な事実から親子関係を定める方法）と並んだ父子関係の決定方法のひとつで、他の方法に比べて優位にあるとは言えない。例えば、フランス民法典を見ると「子の出生証書が、母の夫を父としていないとき、離婚および別居が申し立てられているとき……父性推定は退けられる」（三一三条）と定められている。つまり、子どもの出生を届けるとき、夫ではない男性の名前を届け出るだけで、父性推定は退けられるということになる。また、離婚や別居の手続きが開始されたとき、つまり夫婦の関係が実質的に破綻しているときにも父性推定は働かないので、日本の三〇〇日問題（離婚後三〇〇日以内に生まれた子どもは、母親と前夫の関係が離婚前に破綻し、子の遺伝的父親が別の男性であったとしても、前夫の子どもと推定され、前夫による嫡出否認の訴えを経ないと親子関係が否定できないこと）のようなことは起こる余地がなさそうである。

そういうわけで、親が結婚していないことで子どもが生まれながらに劣った身分とされることはなく、両親がカップル法においていかなる関係にあるかは、そこから生まれた子どもの地位に無関係である。このような子どもの取扱いの平等があれば、日本のように「世間体」から婚外子の出生がためらわれることはないであろう。

3　親権

親権についても同じようなことが言える。両親のカップルとしての立場がいかなるものであるかは、親権行使においても影響を与えない。親権は、父と母が共同で行使することが原則となっている（三七二条）。結婚していない親も共同で親権を行使する。さらに、両親の離別は親権行使に影響を与えない（三七三―二条）。離婚後の親権は、原則的に両親のそれぞれが持つ。そして、子どもの居所は両親のそれぞれに交互に、あるいはどちらか一方に定めることができる（三七三―二―九条）。

親権を行使しない親は、子どもの扶養と教育を監督する権利義務を持ち、子どもと会う権利は、重大な理由がある場合を除いてこの親に拒否されてはならないとされている（三七三―二―一条）。日本では、結婚していないかぎりは共同親権の行使はできないので、子育てから排除される親の存在が社会的に大きな問題となっている。フランスでは、離別した両親が交互に監護することが原則となっているので、子どもはふたつの家を行き来する。

そして、フランスでは親権の行使は、両親以外の第三者に委譲されることもある（三七七条）。二〇〇二年の法改正により、裁判所の許可を得て、第三者や機関に親権の行使を委譲することができるようになった。このような改革も、現代家族の特徴に配慮したものである。その法的形態がどのようなものであっても、カップルが離別に至り、それぞれが新しいパートナーと再びカップルを形成することは珍しくない。先行するカップル関係において子どもがあった場合には、親の新しい相手が、実際の生活では子どもに対してもう一人の親の役割を果たすことになるが、この「親のような人」は、法律的には親ではなく単に事実上親の役割を果たす存在でしかなかった。親権行使の委譲は、カップルの形成と別離と新たな形成によって生じるこのような新しい家族を支援しようとする制度である。

親権に関しては親カップルの関係が永続することを前提にしない仕組みになっていることが分かってもらえるだろう。

４　親の義務

このように親カップルの永続的な関係を前提としないとすると、養育費（pension alimentaire）負担義務の履行を確保する必要がある。これは、真正シングルマザーにとっては死活問題である。養育費が支払われない場合、どのように取り立てるか。

まず、養育費支払い義務のある債務者の雇用者、取引銀行などの第三者から直接払ってもらう方法がある。一回でも養育費の支払いが滞るとこの手続きを開始できる。債権者は、執行吏という裁判所付属の専門家に依頼をし、この執行吏が第三者に支払いを要求する。債務者がどこにいるかわからなければ、税務署などの公的部門は情報を執行吏に提供する義務を負う。これとは別に、裁判所に申し立てて、債務者の賃金、銀行口座を差し押さえるという方法もある。

このような自力救済が失敗すると国が税金と同じやり方で債権者の代わりに取り立てる。公的取り立てである。手続きは無料だが、金額の一〇%が債務者に請求される。これらに応じないと最終的には債務者には刑罰が科される可能性がある。外国にいる債務者にも及ぶ。債務者は住所の変更について、子どもと暮らしている親である債権者に知らせる義務があり、これを怠ると、やはり罰金や禁固といった刑罰が科される可能性もある。

というわけで、いったん父親になった者には、子どもやその母親と一緒に暮らしていなくても、養育費の支払い義務が国家権力の発動という裏付けをともなって課されていることになる（このようなシステムが完璧に機能しているかどうかはまた別の問題ではある）。このことは婚外子でも、親が離婚したり同居を解消した子どもでも同じである。

5　夫婦と子どもの姓

日本人にとって気になるのは、夫婦の姓と子どもの姓であろう。フランスでは夫婦別姓であると言って良いだろう。夫婦のそれぞれが自らの家族名を保持するが、配偶者の名を使う権利をもつ。義務ではないにもかかわらず、多くの場合、女性が夫の名を使用している。この辺りにはフランス社会の男性優位が現れている。フランスは男女平等の先進的な国であるかのように紹介されることもあるが、（日本よりマシとはいえ）男女間の賃金格差、家事労働負担の不平等、ＤＶ、性暴力など、日本同様にジェンダー問題を抱える国である。

続いて、子どもの姓であるが、二〇〇二年の法改正で、出生前に両親が決まっている場合には、父の姓、母の姓、あるいは両親の姓を結合した姓から、子に継承させる「家族名」を決めることになった。父親が出生後時間を経過して認知した場合には、認知まで母親の姓を名乗り、希望して後から変更することもできる。

二　生殖秩序の変化

さて、ここまで見てきたように、法律がどのようになっているかを表面的に確認するだけでも、親子の関係は、親がカップル法上どのような地位にあろうと基本的に変わりがないように構想されていることが見て取れたと思う。次に、生殖に関する秩序の変化から、状況を検討してみたい。

1　「避妊から」生まれる子ども

避妊ピルを合法化した一九六七年法は、男女の関係のみならず親子関係をも根本的に変えることになった。女性が生殖をコントロールすることにより、生殖は、少なくとも女性にとっては熟慮された意思の結果になる。つまり、子どもは「予定される programmé」もの、「望まれる désiré」ものになるのである。ピルの登場によって、子作りは、協議の上での行動、しかも最終的には女性の決定に依存する行動となる。

避妊ピルによる女性自身の身体のコントロールが確実になったのと同様に、妊娠した女性も「母にならない」ほぼ絶対的な権利を持っている。まず、一九七五年以降、人工妊娠中絶が一四週まで合法である。カウンセラーとの面談が定められているが、成人女性については義務ではない。しかも、人工妊娠中絶手術には保険が適用される。さらに、二〇〇四年からは、経口薬を使った医療中絶が自宅で可能になった。また、フランス独自の「匿名出産」というのもある。これは女性が自分の身元を明らかにしないまま病院で出産することである。合法的にいわば子どもを捨てることも認めているのである。

男性の置かれる状況はこれとは逆である。男性はこれらの女性の決定に対して、事実上は別として法的には一切コントロールを及ぼすことはできない。逆に、自分が望まなくても、男性には父子関係が強制的に設定されうるのであり、そこから生じる義務を免れることはできない。現実はそれほど単純ではないだろうが、法的には生殖に関して女性が「主権者」である。しかし、男性に代って女性が生殖の支配者になることによって、男性が消えるわけではない。男性の参加は、より熟考されたものになり、彼らが妊娠初期から出産までさまざまな形で関わろうとしていることがうかがえる。二〇〇二年以降、親権、血縁、家族手当、育児休業についての法律情報を含む父親手帳が交付されることになった。父親休暇も作られ、子どもの出生後一四日間の休暇がとれることになった。

2　家族形成者としての子ども

フランス人は、恋人ができて交際がある程度の期間続くと、まずは同居を開始する。彼／彼らは、まず自分の人生を生き、「若さ」を楽しみ、愛情に基づく関係を構築していく。そしてその関係が満足のいくものか、相手が自分の子どもの親になりうるかを現実の共同生活のなかで見極めようとする。これらの問題は、かつては結婚にパッケージングされており、問う必要がないものであった。しかし、今日の非婚カップルにおいては、選択・検討の対象である。子どもを欲することは、意思的な行為になる。先に述べたように日本では結婚がすべての幸福を保証するかのような幻想だけはかなり強く生き残っており、子どもの問題はそこにパッケージングされている。

先述の調査において行われたインタビューで、二〇代後半のフランス人女性が次のように答えている。

「最も重要で最も象徴的なのは、子どもを作ること。生涯を通じて子どもに結びつけられることで、離婚しようがどうなろうが、自分の子どもの父親と自分は生涯を通じて結びついていることになる。」

私の知人で、パートナーとの一定の同居期間を経て、結婚もパックスもせずに最近子どもを産んだ三〇代のフランス人女性から、まったく同じ趣旨の発言をきいたことがある。彼女は、安定した職についていないので、ずいぶん思い切ったことをするものだ、とその時の私は感じたが、そのような心配をし過ぎなくてもよい条件があるのだろう。「どっちにしても、認知した以上、彼は、養育費を払う義務があるのだから」とも言っていた。

今日、結婚は、家族生活の始まりでもなければ、通過点ですらない。カップルの確立とその成功の象徴は、結婚ではなく子どもである。結婚しない若者が多いのは、それがカップルの安定の保証にならないとわかっているためである。もちろん内縁もパックスも、カップルの持続にとって結婚以上に何の保証にもならない。家族は、子どもの誕生のなかに具現化するのであって、カップルの永続性の上に成り立っているのではない。カップルの別離は、法的な結合（結婚やパックス）であろうと事実上の結合（内縁）であろうとあらゆる形態の結合に起こりうる。子どもが生まれたからといって、生殖者カップルに永続的な結びつきが義務づけられるわけではない。

3　熱望される子ども、子どもをもつ権利

結婚するかどうかにかかわらず子どもをもつことこそがカップルの成功とされるのであれば、当然に子どもをもつことに直接に価値が置かれることになる。〝Bébéphile〟（赤ちゃん好き）な社会である。子どもをもつことが女性のアイデンティティの中心的要素とみなされ、子どもが欲しいのにもてないカップル、特にそのような女性を憐れむ傾向はフランスでも強い。最近では、同性カップルも子どもをもつことを切実に願いはじめている。しかし、国内で養子となりうる子どもは減っており、海外養子がアメリカに次いで多い国になっている。

生殖技術の利用は、法律によって治療として位置づけられている。そのため第三者から配偶子の提供を受けて異性カップルが子どもをもつことは認められているが、代理母、単身者による利用（したがって同性カップルがこの方法で親になること）は禁じられている。二〇一一年の生命倫理法改正でも大きな変化はなく、結婚しているか否かにかかわらず、生殖年齢にある男女のカップルのみが生殖技術の利用を許されている（とはいえ、近隣国のベルギーやオランダでは単身女性が精子提供を受けることが可能なため、この方法で子どもをもったレズビアンのカップルが実際に子育てをしている例

は少なくない。しかし、異性カップルと異なり、このようなレズビアンカップルで、出産していない方のパートナーは親にはなれない)。

このように子どもが熱望の対象になるなかで、主観的な権利としての「子どもをもつ権利 Droit à l'enfant」なる語を目にするようになった。これは生殖への国家の介入を排除するという自由権の意味ではなく、子どもをもつための技術の利用を国家が保障することを求めるという意味で新しい。ただし、このような言葉を目にするようになったというだけで、法的な権利として裁判所や法律で認められているわけではない。また、子どもを権利の対象にするかのような言葉遣いに反発する向きもある。

しかし、そのような権利を表だって認めていなくても、そのような権利が実質的に認められていくことはある。ヨーロッパ人権条約に関する具体的事件を扱う裁判所であるヨーロッパ人権裁判所は、「子どもをもつ権利」という言葉を用いているわけではないが、一定条件下で生殖技術の利用を「権利」として認めたことがある。イギリスが被告となった事例であるが、以下のようなものがある。長期刑で服役中の受刑者とその配偶者に、体外受精を許さなかったことが、私生活の尊重を受ける権利(プライバシー権)を侵害するとされた(Dickson v. UK, 4 December 2007)。フランスが被告となった事件では、単身の同性愛者に養子縁組をする資格を与えなかったことが、やはり私生活の尊重を受ける権利を侵害するとされた事件がある(E.B v. France, 22 January 2008)。

日本の少子化対策のように、異性カップル(結婚している夫婦)に着目してその生殖力を高めようということではなく、子どもをもつことに高い価値が与えられていることを背景に、子どもをもつことが「権利」という言葉で語られるようになっていることに注意が必要である。

4 「腹の帝国」?

子どもをもつ権利について、生殖技術によって親子関係が複雑化することが、生まれてくる「子どもの利益」に反すると考える、あるいは生殖技術の利用に遺伝子の支配や人間の身体の道具化・商品化を見出して、否定的にとらえるという立場が当然にある。しかし、まったく異なる視点から、フランスにおける子どもをもつ権利の現状を批判する者もある。その批判は、今日の親子関係が「出産」を中心に組み立てられており、それが新たな排除を生みだしているというものである。

ナポレオン民法典は、今日のジェンダー視点から見て賞賛することは到底できない代物であることは異論がないだろう。結婚した女性は法律行為を行うことができない無能力者とされるなど、夫の優位は明らかであったし、婚外子は苛酷な状況に置かれていた。この婚外子の徹底した冷遇は、ナポレオン民法典の結婚中心主義から来ている。しかし、今日では完全に時代錯誤に見えるこの結婚優位は、「自然を政治に、事実を制度に、親子関係を意思に、真実を自由に従属させるという、革命期立法者達の明確な意思表示」(Iacub: 2004) であった。この意思主義は、教会法の真実主義と一線を画す極めて近代的な面を持っていた。

ここでは、子どもは、誰かの具体的な身体から生まれるのではなく、まさに「結婚から」生まれるとされた。ナポレオン民法典では、父性推定が非常に強い力を持っていたから、夫は、よほどのことがないかぎり妻が出産した子どもは自分の子どもとして引き受けなければならない。夫は多くの場合、妻が出産した子どもの生殖者であっただろうが、厳密には、夫が現実に子どもの生殖者であるかどうかは問われない。結婚することで、妻の産む子どもを自分の子どもとするという意思表示をしたことになる。精子を提供したことではなく、この意思表明こそが、彼を父親としたのである。つまり、結婚を媒介して、意思に基づいて親子関係が設定されていたわけである。ここに、親子関係をも自由意思によって創設するという革命の理想の徹底を見ることができる。また、婚外子を強制的に認知させられることもなく、認知するにしても自分が父親だと考える者が扶養の義務を意思に基づいて負うのであって、これを行うのが「真の父親」とは限らない。

この「意思による親子関係」というアイディアは、出産によって確実に決まる母親には関係がないと思われがちだが、母親にも似たようなことがあてはまる。結婚している女性の母子関係は、出産の事実を直接的に確認することによってではなく、出生証書と身分占有によって立証され、一度そのように立証されると覆せなくなる（旧三二二条）。ここに、他者の子を実子として引き取る「藁の上の養子」のように、実際には出産していない女性が母親になる余地が生まれる。確かに「出産偽証」や「子どものすりかえ」は罪であったけれども、出産する女性と子をもらう夫婦などの関係者に合意があるかぎり、誰かが親子関係に異議を申し立てることはないので、その母子関係は旧三二二条に守られて安泰になり、出産することなく夫婦は子どもを得ることができた。逆に、独身女性が出産した場合には、母子関係は自動的に設定されず、改めての認知が必要であった。結婚した女性は、結婚によって、自らがこの世に生み出したと証明される子どもを認知する意思を一括表明するのに対して、独身女性はこの意思を毎回表明しなければならないということになる。このように母子関係も、出産の事実からは距離をおいて意思主義的にとらえられていた。

さて、この意思主義を覆す「平等と真実」に基づいた一九七二年の改革は、シングルマザーと婚外子が結婚の抑圧から解放され、結婚の「偽善」に終止符が打たれる過程として描かれる。しかし、そのような公式の物語に満足しない論者は指摘する。旧三二二条は改正され、出産偽証やすりかえがあると、その母子関係は覆され、刑事訴追を受けるリスクにさらされることになった。また、代理母は禁止されている。出産せずに母となることはいまだかつてなく厳しく扱われる。こうして「出産の真実」が新たな家族秩序の基本にすえられていく。匿名出産でないかぎり、いかなる子どももも出生と同時にその母子関係を自動的に持つ。婚外／婚内の区別は、確固たる真実の母子関係であるか否かに比べれば重要ではない。ところで、男性は、「真実」に合致していないと分かっていても嫡出否認をしないことや好意認知することによって罪に問われることはない。

というわけで、今日のフランスで、出産という真実をもたらせない女性は、異性愛者であれ同性愛者であれ、母親になることはできない。もちろん養子という可能性はあるが、国内で養子になりうる子の少なさなどからチャンスは少なく困難がともなうようである。結婚の威光が失墜することで自由と平等が勝ち取られたと人々は思っているが、強制と不平等の境界が移動しただけである、という見方もされているのである。

おわりに

現代のフランス家族法では、子どもの平等化をきっかけに、カップルと親子の分離が進んでいる。カップルが破綻しても、親は親であり続ける責任を負うことになり、結婚すること、し続けていることの必要性は必然的に低下する。妊娠後に結婚することで「けじめ」をつける「できちゃった婚」が道徳的な許容範囲である日本とは、大きく異なる。

また、生殖に関係するルールの変化も重要な影響を及ぼす。生殖に関して女性が「主権」をもっていることは、子どもをもつことに対するプラスの社会的評価やそれに好意的な社会政策との結合によって、出生率を押し上げる効果を持つであろう。そういう意味ではフランスはうまくいっていると言えるのだろう。

しかし、そのような「解放」の物語の裏で、出産する女性の「腹」を絶対的な軸として秩序が再編されているという指摘がある。このように女性の出産する能力の上に「平等」を基礎づけることには賛否両論がありうる。そのような「平等」が、その枠組みに入れない者に対する新たな排除を生み出すのだとすれば、そうした排除に合理性があるのか、さらに考えねばならないように思われるのである。

参考文献

Martine Segalen, *A qui appartiennent les enfants ?*, Tallendier, 2010
Marcela Iacub, *L'Empire du ventre, pour une autre histoire de la maternité*, Fayard, 2004
Wilfried Rault, *Invention du Pacs, pratiques et symboliques d'une nouvelle forme d'union*, SciencesPo. les presses, 2009
L・ペルサン／齊藤笑美子訳・解説『パックス——新しいパートナーシップの形』、緑風出版、二〇〇四年

第5章　フランスの家族政策と女性
――「一家の稼ぎ手モデル」を前提としない家族政策とは？

神尾真知子

はじめに

フランスは、二〇一〇年、八二万八〇〇〇人の子どもが生まれ、合計特殊出生率が二・〇一となった。この出生率は、ベビーブームが終わって以降、最も高い数字である。出生率の上昇には、三〇歳以上の女性の出産が増えたことが貢献している。二〇一〇年に人口は三五万八〇〇〇人増加し、二〇一一年一月一日の時点で、フランスの人口は、初めて六五〇〇万人を超えるに至った。

ところで、フランスの出生率の高さは、移民女性が貢献しているのではないかと言われることがある。フランスの研究によると、二〇〇五年に生まれた七七万四三五五人の子どものうち、母親が外国人であったのは九万四三二〇人であり、これは、フランスで出生した子どもの母親の一二・二％が外国人であったことを意味する。フランス人女性の出生率が一・八〇であったのに対し、外国人女性の出生率は三・二九であったが、全体の出生率は一・九〇となっている。外国人女性は人口全体のなかで少数であることから、外国人女性の出生率はフランス全体の出生率に〇・一の貢献をしたにすぎないのである。

フランスは、このように先進国でありながら出生率が高い国である。日本政府は、その家族政策が高い出生率に関係しているのではないかと注目している。例えば、厚生労働白書平成二〇年版は、コラムで二頁にわたり、フランスの家族政策を取り上げている。

日本には、「家族政策」と呼ばれる政策はないが、フランスの家族政策はどのような政策なのだろうか。社会福祉・家族法典には、次のような家族政策に関する規定がある（条文の文言の一部を省略している）。

「子どもを育てる家族を支援するために、国は特に以下のことを家族に給付する。
1　家族給付　2　乳幼児の監護のための雇用を支援すること　3　税制上の軽減又は免除　4　鉄道運賃の軽減　5　教育費・就学費にあてられる手当又は軽減　6　司法官・公務員・軍人のための特別給付　7　社会扶助の手当」

家族政策は右の給付に限られるものではないが、そのなかで家族給付は家族政策の中心にある。家族給付は社会保険や労働災害補償と並んで、フランスの社会保障を構成する三本柱のひとつに位置づけられている。日本の少子化対策は、さまざまな省庁の所管下にあるさまざまな政策を束ねただけの政策であり、少子化対策のための独自の予算やその対策を実施するための独自の執行機関を持っていない。それに対して、フランスの家族政策は、政策を実施する予算と執行機関（全国家族手当金庫と各県にある家族手当金庫など）を持ち、家族政策にかかわる当事者が参加する家族高等評議会において、家族政策のあり方が毎年議論され、そこでの議論が迅速に家族政策に反映されている。

本章は、まず、フランスの子育てに関連する家族給付の概要について説明する。そして、フランスの家族政策の中心にある家族給付に焦点をあてて、フランスの家族政策の特色を、家族のとらえ方や女性のライフスタイルに関連させながら述べる。その際に、日本の少子化対策や法政策との対比を行う。

一　フランスの家族給付の概要

家族給付を受給するためには、社会保険のように保険料の拠出を要件とせず、また生活保護のように資産調査もないので、家族給付はいわゆる「社会手当」に該当するものである。日本で国が支給する社会手当に該当するものは、児童手当（旧子ども手当）、児童扶養手当、特別児童扶養手当、障害児福祉手当であり、種類が少ないのに対し、フランスの家族給付に分類される手当は、八種類ある。社会保障法典L五一一－一条は、家族給付として、①乳幼児受入れ給付、②家族手当、③家族補足手当、④住宅手当、⑤障がい児教育手当、⑥家族援助手当、⑦新学期手当、⑧親つきそい日々手当が含まれると定めている。

本章では、④を除く、子育てに関連する家族給付について説明する（**図表5―1**）。給付額は、二

図表５-１　フランスの子育て関連の家族給付

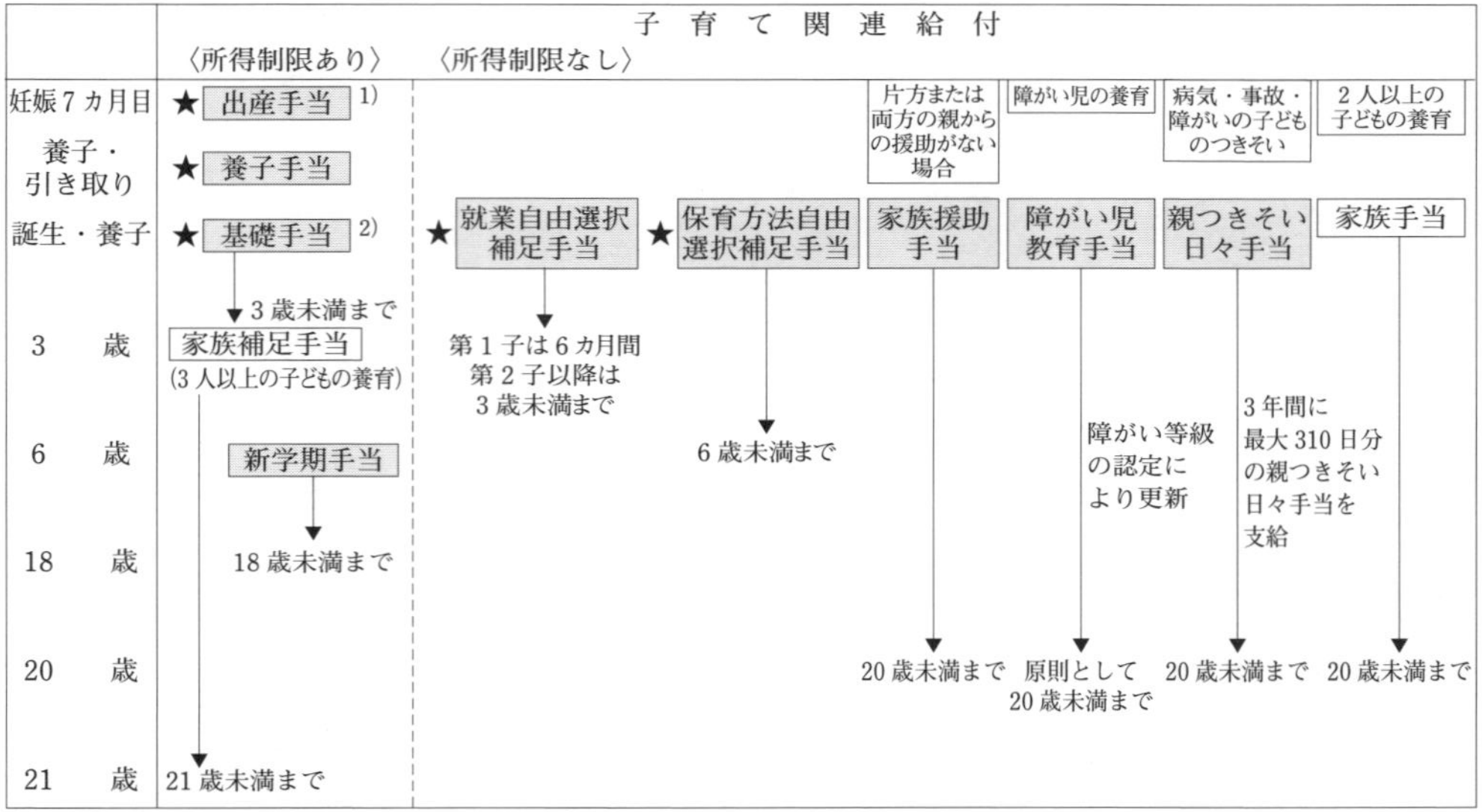

注：1）多胎出産の場合は、生まれてくる子どもの数に応じて支給する。
　　2）養子の場合は、3 年間 20 歳まで支給。
▒は、第 1 子から支給される手当である。
★は、「乳幼児受入れ給付」である。
作成：神尾真知子

〇一二年四月一日以降の数字であり、手取り額である。以下、二〇一二年八月一〇日現在の東京の円・ユーロ為替である九六円二四銭から二八銭を四捨五入し、一ユーロ＝九六円として計算する。

1　乳幼児受入れ給付

乳幼児受入れ給付は、（1）出産手当または養子手当、（2）基礎手当、（3）就業自由選択補足手当、（4）保育方法自由選択補足手当という四つの手当の総称である。

（1）出産手当または養子手当（所得制限あり）

出産手当または養子手当は、子どもの誕生または養子にともなって必要な最初の費用を補償するものである。所得制限の額は、扶養する子どもの数に応じて、単一の所得のカップルか、またはひとり親・共稼ぎのカップルかによって異なっている。**図表5―2**に見るように、ひとり親は、共稼ぎのカップルと同一額の所得制限になっており、手厚く配慮している。なお、二〇一二年の家族給付の権利は、二〇一〇年の所得で判断する。

出産手当額（一時金）は、九一二・一二ユーロ（八万七五六四円）であり、妊娠七ヵ月目に支給される。多胎出産の場合は、生まれてくる子どもの数だけ同額の手当が支給される。

なお、フランスには、出産保険という出産に特化した社会保険制度があり、出産保険の被保険者のみならず、被扶養資格を有する女性も、自己負担なく出産にかかわる医療サービスを受けることができる。例えば、被保険者の配偶者（事実婚やパックスパートナーを含む）、被保険者またはその

図表５-２　出産手当・養子手当・基礎手当の所得制限

単位：ユーロ

2010年の所得制限（2012年1月1日から12月31日まで有効）		
世帯の子ども数（生まれる子どもまたは生まれた子ども）	単一の就労所得のカップル	ひとり親または共働きのカップル
1人	34,103 （327万3888円）	45,068 （432万6528円）
2人	40,924 （392万8704円）	51,889 （498万1344円）
3人	49,109 （471万4464円）	60,074 （576万7104円）
子どもが1人増えるごとに加算	8,185 （78万5760円）	8,185 （78万5760円）

注：1ユーロ＝96円（2012年8月10日現在）
出典：Caf, Vos prestations 2012

配偶者の扶養する子ども（養子を含む法的親子関係が必要であり、一定の要件あり）、姉妹などの「同居しその世帯の家事と被保険者の扶養する子どもの世話をもっぱらしている三親等までの親族」である。さらに、出産保険からは、出産休暇、養子休暇、父親休暇中の所得保障として一定期間日額の手当が被保険者に支給される。

養子手当額は、一八二四・二五ユーロ（一七万五一二八円）である。フランスでは、家族給付において、養子を実子と同じように扱っている。以下に述べる手当は、特に言及していなくても養子にも支給される。

（２）　基礎手当（所得制限あり）

基礎手当は、子どもの扶養および教育に伴う費用補償を目的としている。扶養する三歳未満の子どもがいる家族に、子どもが三歳になるまで支給される。養子または養子のための引き取りの場合にも三年間支給されるが、二〇歳に達すると支給されなくなる。所得制限については、出産手当や養子手当と同じ額である。月額一八二・四三ユーロ（二万七五一三円）が毎月支給される。なお、多胎出産や同時に複数の子どもを養子にする場合は、子ども数に応じて支給される。

（3）　就業自由選択補足手当（所得制限なし）

就業自由選択補足手当は、三歳未満の子どもを育てるために職業活動を一部休業（短時間勤務）または全面的に休業する場合に支給される。フランスでは、義務教育ではないが三歳以上の子どもを対象に保育学校（就学前教育）が開校され、それに預かり保育が併設されているので、三歳から就学前の子どもの保育についてはほとんど対応できているのに対し、三歳未満の保育は不足し大きな社会問題となっている。そこで、三歳未満の育児に対する支援策として、ひとつは親自身が育児のために休業することに対する家族給付、もうひとつは家庭内保育に子どもを預けることに対する家族給付を設けている。（3）の就業自由選択補足手当は、前者の親自身の育児による所得の喪失に対する補償を目的としているのに対し、次の（4）の保育方法自由選択補足手当は、後者の家庭内保育を保育方法として選択したときの費用を補償することを目的としている。

就業自由選択補足手当を受給するためには、「一定期間」において、老齢拠出金（いわゆる年金保険料）を少なくとも四半期×八期分を納めていることが要件となっている。この「一定期間」は、子どもが多いほど長い期間を設定し、優遇している。第一子の場合は過去二年間、第二子の場合は過去四年間、第三子以上の場合は過去五年間となっている。

就業自由選択補足手当は、受給者の所得にかかわりなく定額だが、（ア）基礎手当を受給していない場合と（イ）基礎手当を受給している場合では、額が異なっている。全面的な職業活動休業で（ア）五六六・〇一ユーロ、（五万四三三七円）（イ）三八三・五九ユーロ（三万六八二五円）、所定労働時間の五〇％を超えない労働時間に短縮する場合で（ア）四三〇・四〇ユーロ、（四万一三一八円）（イ）二四七・九八ユーロ、（二万三八〇六円）、所定労働時間の五〇％と八〇％の間に短縮する場合で（ア）三二五・四七ユーロ（三万一二四五円）、（イ）一四三・〇五ユーロ（一万三七三三円）である。

また、子どもの数によって、支給期間が異なる。子どもが一人の場合には、出産休暇・父親休暇・養子休暇・疾病休暇に対する日々補償の受給終了の月から、またはそのような日々補償を受給しないときは出産の時から最長六ヵ月間支給される。子どもが二人以上の場合には、下の子どもの三歳の誕生日の前月まで支給される。

子どもが三人以上いる場合には、就業自由選択オプショナル手当を受給することもできる。これは、一年間と期間を限定して、より多くの額が支給される。すなわち、（ア）八〇九・四二ユーロ（七万七七〇四円）、（イ）六二六・九九ユーロ（六万一九一円）である。

就業自由選択補足手当は、日本の雇用保険における育児休業給付と似ている。しかし、よく見ると異なっている。第一に、日本の育児休業給付は、休業前賃金の五〇％となっているのに対し、フランスの就業自由選択補足手当は、定額となっている。第二に、日本の育児休業給付は雇用保険から支給され、社会保険の仕組みによっているが、フランスの就業自由選択補足手当は社会手当の仕組みによっている。第三に、日本の育児休業給付は、「育児・介護休業法にいう育児休業を取得すれば育児休業給付を受給でき、育児・介護休業法にいう育児休業でない育児休業の場合には育児休業給付を受給できない」というように、育児休業給付と育児休業は制度として密接に連動しているが、フランスの場合は、就業自由選択補足手当と育児親休暇（日本の育児休業に相当）は別々の制度として作られている。したがって、それぞれ受給要件および取得要件が異なっているので、育児親休暇を取得すれば就業自由選択補足手当を必ず受給できるわけではないし、また逆に育児親休暇を取得しなくても受給要件に該当すれば就業自由選択補足手当を受給できる。

（4）　保育方法自由選択補足手当（一定以上の月収であることが必要）

保育方法自由選択補足手当は、職業活動を続けるための保育方法として、家庭的保育を選択したときに支給される手当である。フランスでは、三歳未満の保育において保育所などの施設保育よりも保育ママや自宅保育者による家庭的保育が利用されている。保育方法自由選択補足手当は、保育ママが自らの家に預かって保育する公認保育ママまたは親の自宅に行って保育する自宅保育者に支払う費用を補償することを目的としている。具体的には保育ママや自宅保育者の賃金の一部や社会保険料の一部を補償する。家庭的保育を選んでこの手当を受給するためには、子どもを預ける人が、単身の場合三九五・〇四ユーロ（三万七九二四円）、カップルの場合七九〇・〇八ユーロ（七万五八四八円）以上の月収がなければならない。親は、雇主として、保育ママや自宅保育者に賃金等を支払わなければならないので、一定以上の所得を要件としているものと思われる。

この手当による賃金の一部補償額は、受給権者の所得および子どもの数や子どもの年齢に応じて異なっているが、少なくとも費用の一五％は自己負担となる。また、社会保険料の補償については、保育ママの社会保険料は全額補償されるが、自宅保育者の社会保険料は五〇％の補償で、かつ月額に一定の上限がある。つまり、保育ママによる保育に対する補償を優遇している。

（５）　乳幼児受入れ手当と併給制限

乳幼児受入れ給付の各手当のうち、いくつかの手当は同時に受給できる。しかし、以下のような制限がある。①同時に二つの基礎手当は受給できない。ただし、多胎出産や複数の養子をした場合を除く。②全面的な職業活動休業の時に支給される就業自由選択補足手当を、自分とパートナーがそれぞれ受給することはできない。ただし、全面的な職業活動休業の時に支給される就業自由選択補足手当の額を上限として、部分的な休業（短時間勤務）の時に支給される就業自由選択補足手当を二人の間で併給することはできる。③保育方法自由選択補足手当は、全面的な職業活動休業の時に支給される就業自由選択補足手当と併給できない。

また、他の手当のうち、以下の手当は、乳幼児受入れ給付と併給することはできない。①基礎手当および就業自由選択補足手当と家族補足手当、②同じ受給者について、就業自由選択補足手当と親つきそい日々手当。

以下の給付を受けているときは、就業自由選択補足手当を受給することはできない。①日々補償（疾病、出産など）、②障がい年金、老齢年金、③失業手当（ただし、就業自由選択補足手当を受給することを一時的に停止することを要求できる)。

2　家族手当(所得制限なし)

家族給付の中心的な手当であり、受給に所得制限はない。日本の子ども手当は所得制限のない初めての社会手当であったが、結局二〇一二年六月分から所得制限がある児童手当に戻ってしまった。フランスでは、一九九八年に一年間だけ家族手当に所得制限をつけたが、不評で一九九九年には所得制限なしに戻った。

家族手当は二〇歳未満の子どもが二人以上いる人に、子どもが二〇歳になる前月まで支給される。支給額は、子ども二人一二七・〇五ユーロ(一万二一九七円)、三人二八九・八二ユーロ(二万七八二三円)、四人四五二・五九ユーロ(四万三四四九円)、それ以上は一人増えるごとに一六二・七八ユーロ(一万五六二七円)加算というように、子どもの数に応じて多くなる。さらに、一定の要件があるが、右記支給額には、一九九七年五月一日までに生まれた子どもについては一一歳以降月額三五・七四ユーロ(三四三一円)、一六歳以降月額六三・五三ユーロ(六〇九九円)、一九九七年五月一日以後に生まれた子どもについては一四歳以降月額六三・五三ユーロ(六〇九九円)の割増がある。

家族手当は、子どもが一人になったり、扶養する子どもがいなくなったりした場合には、支給されなくなる。三人以上子どもがいて、最年長の子どもが二〇歳の誕生日に達した家族には、一年間だけ月額八〇・三三ユーロ(七七一二円)の一括した手当が支給される。

子どもが親の離婚などによって両親の住居を交互に行き来する場合は、家族手当は、両親間で分

図表５-３　家族補足手当の所得制限

単位：ユーロ

2010年の所得制限（2012年1月1日から12月31日まで有効）		
扶養する子どもの数	単一の就労所得のカップル	ひとり親または共働きのカップル
３人	35,848 （344万1408円）	43,853 （420万9888円）
４人	41,823 （401万5008円）	49,828 （478万3488円）
子どもが1人増えるごとに加算	5,975 （57万3600円）	5,975 （57万3600円）

注：1ユーロ＝96円（2012年8月10日現在）
出典：Caf, Vos prestations 2012

かち合うことができる。

家族手当は、全ての他の給付と併給できる。

３　家族補足手当（所得制限あり）

家族補足手当は、三歳以上二一歳未満の子どもが三人以上いる場合、末子が三歳の誕生日以降三人目から支給され、三人以上の子どもの養育から発生する費用の補償を目的とする。所得制限は、**図表５―３**に見るように、子どもの数に応じて、単一の所得のカップルか、またはひとり親・共稼ぎカップルかによって異なっている。この所得制限は、出産手当・養子手当・基礎手当の所得制限（**図表５―２**）よりもゆるやかな額になっている。支給額は、月額一六五・三五ユーロ（一万五八七四円）である。

家族補足手当は、次の場合には、支給されなくなる。①三歳以上の扶養する子どもが三人より少なくなった場合、②三歳未満の子どもを扶養することになった場合、③生まれた子どもまたは養子について、乳幼児受入れ給付の基礎手当または就業自由選択補足手当を受給することになった場合。

4 家族援助手当（所得制限なし）

家族援助手当は、単身で子どもを扶養している父または母、あるいは子どもを引き取っている人（例えば祖父母）に対して、子どもの養育費用を補償することを目的としている。両親の片方または両方が死亡している場合、子どもが認知されていない場合、子どもが遺棄されている場合に支給される。支給額は、親の一方の扶養のない子どもは、一人につき月額八九・三四ユーロ（八五七七円）、両親の扶養のない子どもは、一一九・一一ユーロ（一万一四三五円）である。

片方の親が扶養義務を果たさない場合は、家族援助手当は四ヵ月間支給される。しかし、それ以降も引き続き支給されるためには、この四ヵ月の間に、子どもを育てている親は、大審裁判所の家事事件裁判官に扶養料を確定するための訴えを起こすなどの行動をとらなければならない。それでも判決によって確定された扶養料を支払わない片方の親に対しては、家族手当金庫が代わりに扶養料の取り立てを行う。その場合には、家族援助手当は、支払われるべき扶養料の前払いとして支給される。

5 親つきそい日々手当（所得制限なし）

重大な病気、障がい、事故の犠牲者である二〇歳未満の子どもの世話をするために、職業活動の全部または一部分を休業することによって発生する所得の喪失を補償することを目的としている。

そのような子どもを扶養している親またはその他の者に支給される。支給額は、カップルで生活している場合には日額四二・二〇ユーロ（四〇五一円）、単身の場合は五〇・一四ユーロ（四八一三円）である。

６　新学期手当（所得制限あり）

新学期手当は、六歳から一八歳の学齢期にある子どものいる者に各子どもについて支給され、新学期に発生する費用（文房具など）を補償することを目的としている。所得制限は、子ども一人では年収二万三二〇〇ユーロ（二二二万七二〇〇円）、二人では二万八五五四ユーロ（二七四万一一八四円）、三人では三万三九〇八ユーロ（三二五万五一六八円）、それ以上については子ども一人につき五三五四ユーロ（五一万三九八四円）が加算される。支給額は、六歳から一〇歳は二八七・八四ユーロ（二万七六三三円）、一一歳から一四歳は三〇三・六八ユーロ（二万九一五三円）、一五歳から一八歳は三一四・二四ユーロ（三万一六七円）となっている。

７　障がい児教育手当（所得制限なし）

基礎額は、月額一二七・六八ユーロ（一万二二五七円）である。それに、障がいの六つの程度に応じて、補足手当として九五・七六ユーロ（九一九三円）から一〇六〇・一七ユーロ（一〇万一七七六円）が加算される。ひとり親の場合には、さらに上記の六つの程度のうち、最軽度を除いた障がいの五つの程度に応じて、五一・八七ユーロ（四九八〇円）から四二六・九三ユーロ（四万九八五円）が加算される。

以上、一〇種類の子育てに関連する手当について説明したが、多様な子育ての費用を補償していること、所得制限のない手当が多いこと、所得制限などにおいてひとり親を配慮していること、子どもの支給年齢が高いことが分かる。

二〇一〇年末現在、七〇〇〇万家族が家族給付を受給している。そのうち、五〇〇〇万家族は所得制限のない2の家族手当を受給し、三〇〇〇万家族は所得制限のある6の新学期手当を受給し、二五〇〇万家族が1の乳幼児受入れ給付を受給した。子育てをしている人にとって、家族給付は大きな存在であることが分かる。

二　フランスの家族政策の四つの特色

フランスの家族政策は、①「一家の稼ぎ手モデル」を前提としていないこと、②選択の自由を保障していること、③女性が子どもをもちながら働き続けることができるようにしていること、④水平的連帯と垂直的連帯という二つの考え方に立っていること、という特色を持っている。

以下、家族給付から見た家族政策の四つの特色について説明しよう。

１　フランスの家族政策は、「一家の稼ぎ手モデル」を前提としていない

家族給付は、もともと経営者が一九世紀末から付加的な家族賃金として労働者に任意に支払っていたものが、一九三〇年代になり社会的な手当として成立したものである。任意に付加的な家族賃金として支払われていた時代には、家族賃金は家長である男性にもたらされるものであり、女性は子どもを産み育てるために家庭にいることが神の意思とされる考え方に基づいていた。

家族給付が普遍的な社会手当として法的に位置づけられるようになると、出産を奨励する政策がとられ、「少なくとも三人の子どもがいて、母親は家庭にいる」という家族モデルが前提となった。例えば、一九三八年の「家庭にいる母親手当」（後の単一賃金手当）は、子どもの養育に専念する母親を奨励することを目的とするものであったし、第二子から支給される家族手当は、最低率が第二子の場合は県の定める月額平均賃金の一〇％であるが、第三子以降は二〇％と定められ、第三子以降に手当額を多くしていた。

しかし、一九六八年の五月革命を経て、法律婚に対するこだわりがなくなり、家族が多様化した。もはや主婦は少数派になり、伝統的な家族モデルは理想ではなくなり、また現実にも合わなくなった。それにともなって多様化した家族のなかで、法律婚以外に、パックスや事実婚が法的に認められるようになった。家族政策では多様なカップルのあり方を認めるようになり、家族給付の申請書の家族状況の記載には、「法律婚」「パックス」「法律婚でもなくパックスでもなくカップルで生活」「共同生活の繰り返し」の選択肢が用意されている。

したがって、フランスでは、家族を作るのは「結婚」ではなく、「子ども」である。そして、も

はや「結婚」は解消できないことではなくなったが、解消できないのは「子どもの認知」である。家族給付は、子どもを中心に制度設計されている。全国家族手当金庫の作成した家族給付のパンフレットには、次のような言葉が書かれている。「《扶養》していると認められるあなたの子どもが、あなたに家族給付の権利を与えることができる」。

具体的に、フランスの家族給付の支給要件である《子どもを扶養していること》がどういうことを意味するのかを検討してみよう。

扶養といいうるためには、《実際に、かつ恒常的に》子どもを経済的に扶養（衣食住）していること、および情緒的かつ教育的責任を子どもに対して負っていることが必要である。家族手当の受給者と子どもの間には親子関係は必ずしも必要ではない。また、認知されていようといまいと、養子であろうと、引き取っている子どもでもかまわない。同様に、兄弟姉妹や甥姪でも対象となる。

子どもは、年齢によって扶養されているかどうかが定められている。六歳までは無条件に扶養している子どもとみなされる。六歳から一六歳までは、義務教育を受けていることが条件となる。一六歳から二〇歳までは、子どもの手取り月収が二〇一二年一月一日以降において月額八五七ユーロ（二五一・六七時間を基礎とした最低賃金の六一・三％に相当。八万二二七二円）を超えないという条件がある。二〇歳から二一歳までは、上記所得要件を満たせば、家族補足手当および住居への援助の権利は二一歳まで維持される。

それでは、日本はどうだろうか。日本は、「児童手当法の一部を改正する法律等」が、二〇一二年四月一日より施行されたが、それに伴い発出された都道府県知事あての厚生労働省雇用均等・児童家庭局長の通達によると（雇児発〇三三一第一号平成二四年三月三一日）、父または母のいずれを児童手当の受給権者にするかについて、原則として次のような考え方をとっている。①その判断にあたっては、まず父母の所得の状況を考慮すること、②ただし、以下のことも確認の上、諸事情を総合的に考慮して、生計を維持する程度の高い者を判断すべきであるとしている。諸事情とは、イ　住民票上の取扱い（父母どちらが世帯主になっているか）、ロ　健康保険の適用状況（父母のどちらが世帯主になっているか）、ハ　住民税等の扶養親族の取扱い（父母のどちらの扶養親族になっているか）である。このように、日本の児童手当の受給権者は、一般的に「家計の主宰者として、社会通念上、妥当と認められる者」であり、所得が多く、世帯主である「一家の稼ぎ手」に支給するという考え方をとっている。多くの場合、妻（母）は、夫よりも所得が低く、世帯主であることは非常に少ないのであるから、児童手当の受給権者は、父が圧倒的に多いことになる。児童手当を誰が受給するのか夫婦は選択できず、行政が上記基準にしたがって決定している。

フランスでは、法律婚をしている必要はなく、カップルの場合には、話し合いで受給権者を決める。話し合いで決まらないときは、母親に支給される。別居しているカップルの場合には、子どもと同居している方になる（なお、この点は日本でも同じ扱いとなっている）。七〇％は母親が受給権者となっている。

フランスの家族給付には、所得制限のあるものとないものがあるが、所得制限のある家族給付において、カップルの場合には両方の所得が合算される。また、二〇一二年一月一日以降の所得制限のある家族給付の場合に、所得制限を超えているか否かは二〇一〇年の所得によって決められるが、

二　フランスの家族政策の四つの特色

図表5-4　フランスの家族政策と選択の自由

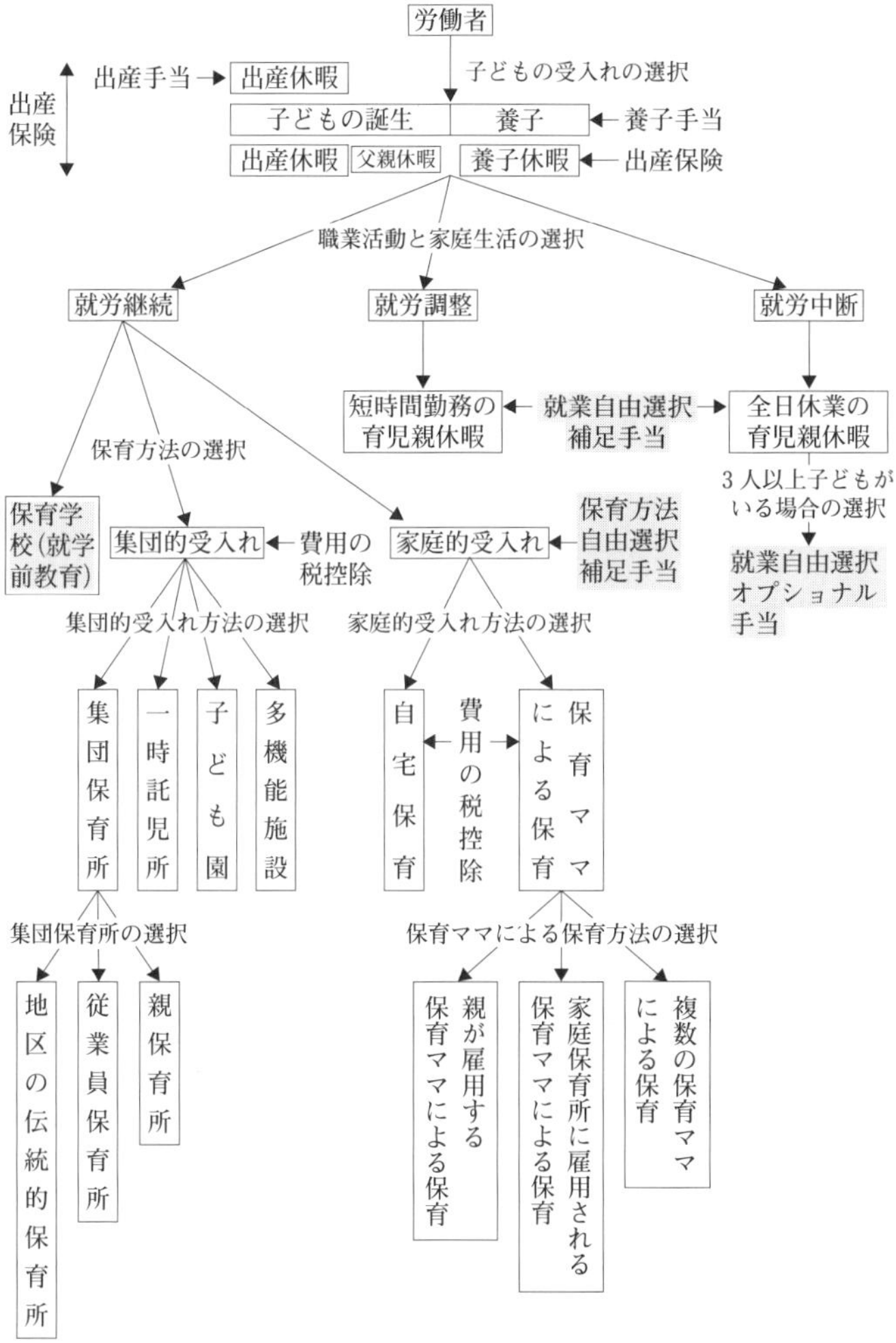

作成：神尾真知子

それは二〇一〇年の税金に関する収入申告を基にしている。税の申告の情報は自動的に家族給付を運営する機関が利用できる。

日本では、子ども手当も児童手当も、カップルの合計所得ではなく、「主たる生計者」の収入で判断している。ここでも、「一家の稼ぎ手原則」が貫かれている。

２　家族政策は、選択の自由を保障する

フランスの家族政策は、選択の自由を保障している。**図表５―４**は、それを示したものである。一応、この図では労働者をモデルにしているが、家族給付は、労働者でない人にも同じ条件で適用されるし、農民にも別の制度によって適用される。つまり、家族給付はあまねく広く給付されている点で普遍的な制度になっている。

子どもの受入れとして、養子という選択肢があるがそのための休業や手当が、フランスでは実子と同じように保障されている。日本では、そのような養子縁組みのための休業や手当は法制度化されていない。なお、育児休業は、養子にも適用される。

フランスでは、子どもの誕生または養子により子どもを受入れることで、職業生活と家庭生活の選択を行うことになる。「就労中断」、「就労調整」、「就労継続」という選択肢がある。そのいずれの選択をしても、選択に対して家族給付と税制による経済的保障がある。

例えば、「就労中断」を選択し、全日休業の育児親休暇を取り仕事を完全に休業して子育てした場合には、就業自由選択補足手当によって所得喪失に対する保障がある。仕事を中断することによ

って失った所得が補償される。三人以上子どもがいると、フランスでも就労中断してそのまま職場復帰しないことが多いので、三人以上子どもがいる場合には、短い期間で額の高い就業自由選択オプショナル手当を設けている。したがって、三人目の子どもをもつ場合には、通常の就業自由選択補足手当を選ぶのか、就業自由選択オプショナル手当を選ぶのかを選択することができる。

「就労調整」して、労働時間を短縮する育児親休暇をとれば、その所得の減少に対して、就業自由選択補足手当が支給される。

「就労継続」を選ぶと、保育方法を選択することになる。フランスでは前述のように、三歳児以降のための保育学校と呼ばれる無償の義務教育前の学校教育機関があり、ほとんどの子どもはそこに入るので、問題は三歳未満の子どもの保育である。保育方法には、保育所等による集団的受入れという方法と、保育ママの家庭に子どもを預けたり、親の自宅で自宅保育者が保育したりする家庭的受入れという方法があるので、ここでも選択をすることができる。保育所に預けた場合には、保育費用に対して税控除がある。家庭的受入れを選んだ場合には、保育方法自由選択補足手当があり、保育ママや自宅保育者の賃金や社会保険料に対して補助がなされる。集団的受入れも家庭的受入れも、さらに細かくいくつかの選択肢が用意されている。

このように、選択の自由がフランスの家族政策のキーワードになっている。

それに対して、日本はどうだろうか。**図表5―5**を見ると、少子化対策といってはいるものの、日本では仕事と家庭の両立のための選択肢は少なく、かつその選択に対する経済的保障が乏しいことが見てとれる。保育方法に多様性はないし、保育所の費用に対する税控除もない。育児・介護休

図表５-５　日本の少子化対策と選択の自由

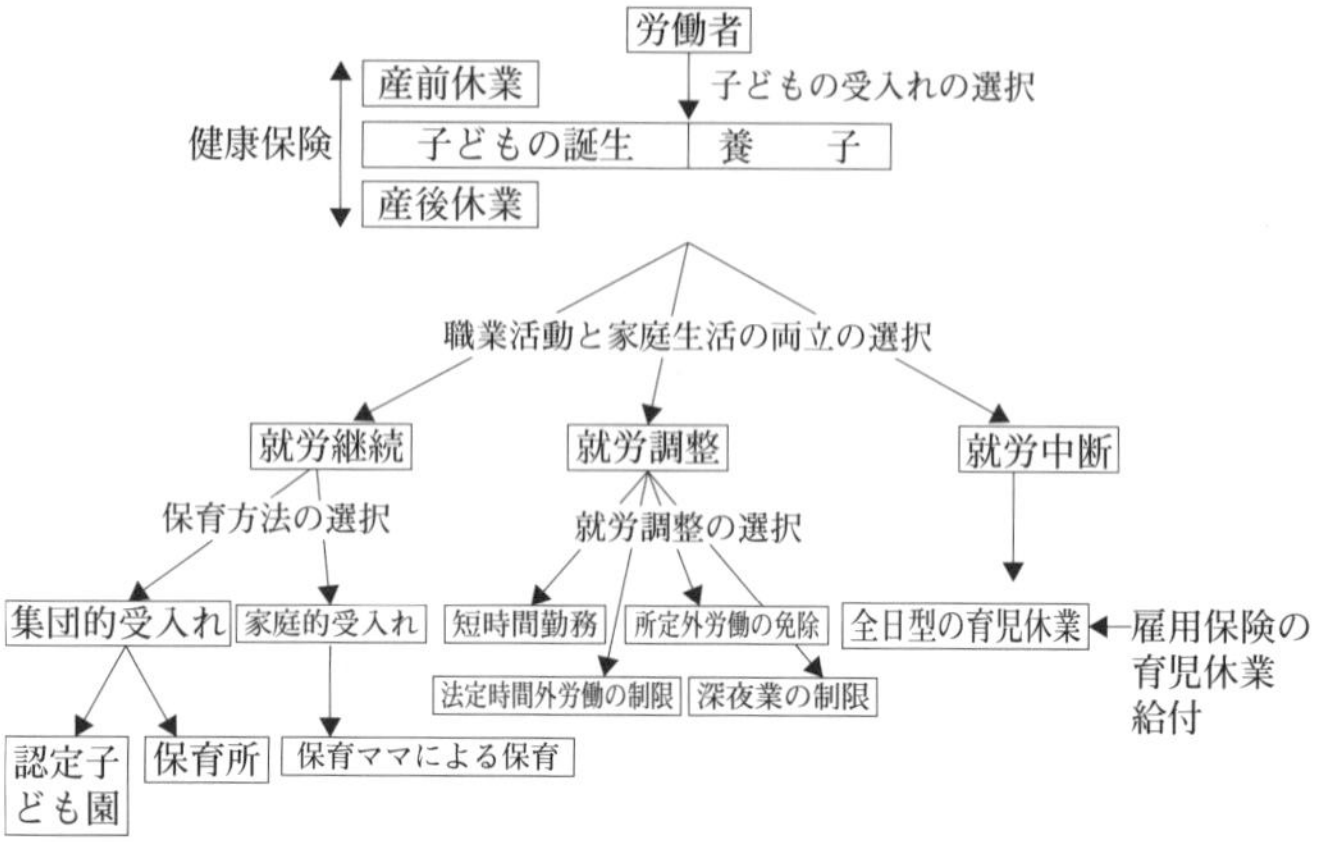

作成：神尾真知子

業法に合致する育児休業による全面休業に対しては雇用保険から育児休業給付が支給されるが、正社員でないと育児休業給付は受給しにくいし、短時間勤務に対しては何の経済的補償もない。子育ての選択肢が少なく、選択に対する経済的補償は十分用意されていない。

しかし、フランスの家族政策が、「真の意味の選択の自由」を保障しているのかというと、疑問もある。保育所に対するニーズは高いのに、十分供給されていないからである。もちろん、フランスでは、二〇〇七年から二〇一二年にかけての乳幼児計画を策定し、五年間で一年につき保育所の受入人数を一万二〇〇〇人の定員増、保育ママ六〇万人増を掲げて、取組みを行ってはいるが、いまだ十分とはいえない。これまで保育所よりも保育ママの増加に重点を置いてきたのは、失業率の高いフランスでは、保育ママは雇用創出になるという雇用政策の点からも、また施設保育に比べコストがかからないという点か

図表５-６　育児親手当受給者と女性の労働力率の推移

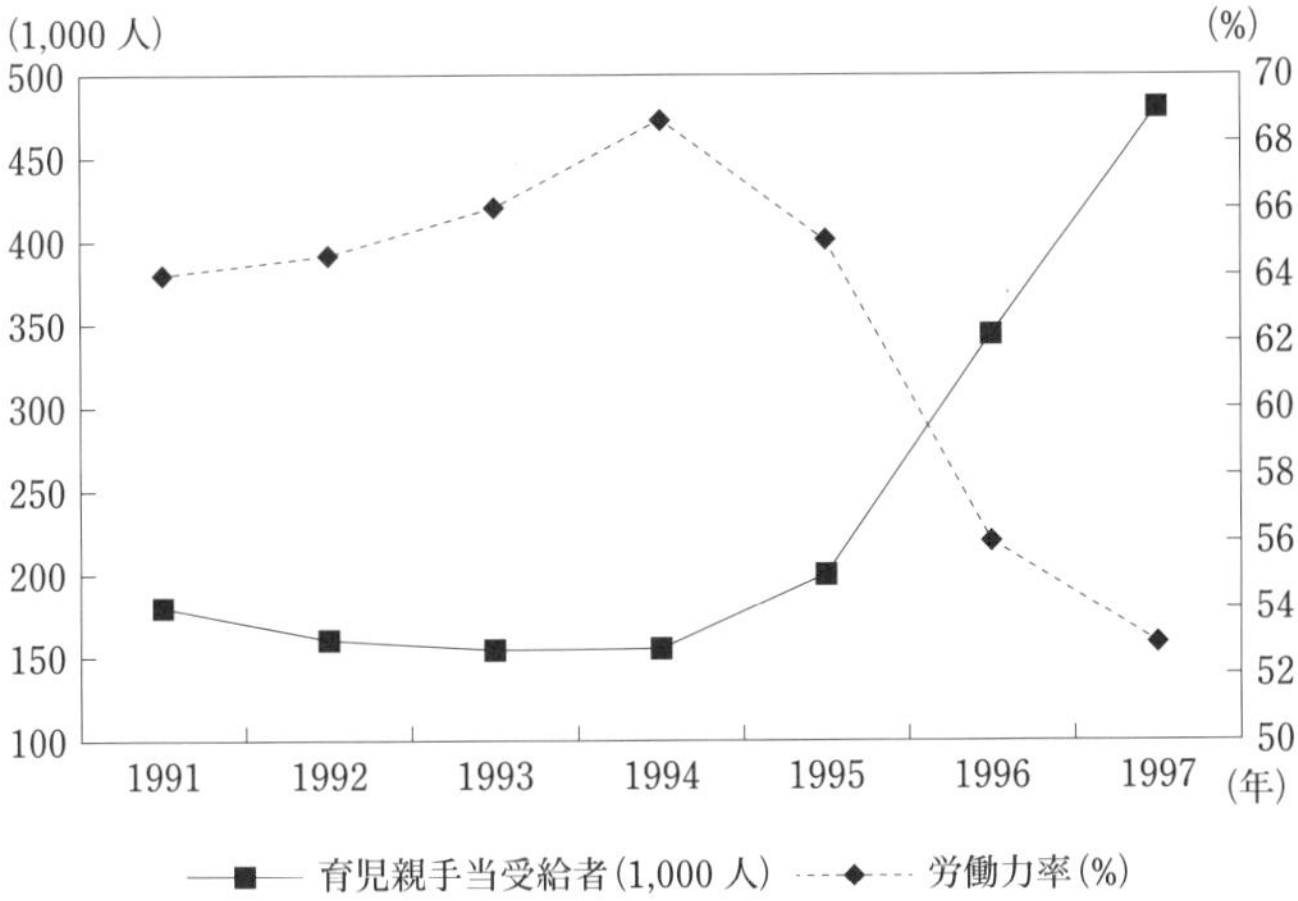

注：3 歳未満の子どもが 2 人いる母親の労働力率
出典：CNAF の育児親手当受給者調査と INSEE の労働力率調査

らも、政府が保育ママによる家庭的保育を奨励していたからである。

ところで、フランスの家族政策は、女性が子どもをもつことを選択する方向にインセンティブを働かせているのであるが、他方で、子どもをもたない選択も経済的に保障されている。フランスでは、激しい議論を経て中絶が合法化され、中絶費用は医療保険の対象となっている。すなわち、家族計画と家族政策が両立しながら、高い出生率を維持しているところに、フランスの特色がある。

3　家族政策は、女性が働き続けることを推進する政策をとっている

家族政策は、女性が働きながら子どもを産み育てることができるようにすることを目的とし、そのための障がいを徹底的に取り除こうとしている。

図表５―６は、一九九四年に就業自由選択補足手当の前身である育児親手当が第二子から支給されたことによって、所得の低い女性たちの就労行動に影響を与え、家庭に入ることを促してしまったことを意味している。

そこで、二〇〇四年の法改正で、乳幼児受入れ手当に再編し、働き続けることを選んだ場合の手当支給の所得要件を緩和し、支給額も上げた。その結果、保育方法自由選択補足手当のひとつである保育ママ雇用のための家族援助を受ける人が二・二％増え、現在の就業自由選択補足手当にあたる旧育児親手当を受ける人は、七・一％減少した。すなわち、労働市場から遠ざかった低所得の女性たちが、保育ママを利用して働き続けるようになったのである。

このように、フランスでは、家族政策の政策効果を常に検証し、もし、女性の就労に影響を与える問題があれば、制度を改善し、あるいは新しい制度を作る。三人子どもがいると働かなくなる割合が高いという問題に対しては、就業自由選択オプショナル手当が二〇〇六年に新設された。支給期間を一年間に限定して、より多くの額の手当を支給する。長期間労働市場から離れないように、支給期間を短くするが休業に伴う経済的補償をより手厚くすることで、早期の職場復帰を促進することを目的としている。

しかし、この就業自由選択オプショナル手当は、利用者が少なく、なぜ利用されないのかについて綿密な調査報告が出ていて、議論されているところである。

したがって、フランスの家族政策は、中立的な政策とは言えない。女性が働き続けること、そして、子どもをもつことを応援する政策と言える。そのために、女性が働き、子どもをもつことを妨げる障がいを、徹底的に取り除く政策をとっている。そのためには、何が問題かを把握する努力がなされている。フランスでは、家族高等評議会（旧家族会議）が設置されて、家族に関係する団体の代表、労使代表、議会代表、政府代表等が毎年一堂に集まって、議論する場を設けている。そこで出された課題はすぐさま法政策に結びついている。家族政策にはスピード感がある。

日本の少子化対策は、政策的な課題は明らかであるにもかかわらず、政策の審議、決定、実施までにスピード感がない。また、フランスのように、法政策の評価を行うための緻密な調査が行われていないために、法政策が現状に効果的に対応できていない。

4　家族政策は、水平的連帯と垂直的連帯のふたつの考え方に立っている

家族政策は、二種類の社会的連帯を担っている。ひとつは、水平的連帯で、子どもがもたらす負担を部分的に保障するために、子どもをもつ家族と独身者や子どものいないカップルの間で所得の再分配を行う。もうひとつは、垂直的連帯で、低所得の家族の状況を改善することを目的に行われる。

水平的連帯では、家族給付は、受給権者の所得がいくらであっても支給されるのに対し、垂直的連帯では、家族給付は受給権者の所得が一定以下である場合に支給されることになる。現在、フランスの子育て関連の家族給付のうち、所得制限のない給付は七三％、ある給付は二七％とされている。このように、フランスの家族給付は所得制限のない手当が多いことに特色がある。最近も家族手当に所得制限を設けようという議論が起こったが、労働組合も反対した。フランスの家族給付を

制度設計し、発展させてきた全国家族手当金庫のステック氏は、筆者が二〇一〇年九月にインタビューしたとき、家族手当をすべての子どもに支給するという普遍性の原則に立っていることがフランスの成功の要因であると述べた。フランスの家族政策の政策としての特色は、水平的連帯にある。

二〇一〇年度から施行された日本の子ども手当は、所得制限がなく、まさに、水平的連帯に基づく手当だった。これまでの日本にない新しい理念に基づく手当だったが、国民の理解を得られず、二〇一二年の六月分からは所得制限のある児童手当が支給されることになった。日本の子育て関連の社会手当は、垂直的連帯のみとなった。

おわりに

フランスの家族政策と出生率が相関関係にあることは明確には実証されていない。しかし、家族政策により、結婚という形式にかかわりなくカップルを作り、子どもを産み、育てることができる社会を作っていることは確かだと思う。

参考文献

神尾真知子「子育てしやすい国・フランス――選択の自由を保障する家族政策」『都市問題研究』平成二三年秋号
神尾真知子「フランスの子育て支援――家族政策と選択の自由」『海外社会保障研究』第一六〇号、二〇〇七年
神尾真知子「フランスの家族給付」『日本社会保障法学会誌』第一一号、一九九五年

Anne Pla, Catherine Beaumel, Bilan démographique-La population française atteint 65 millions d'habitants, *INSEE PREMIERE* N° 1332-JANVIER 2011

François Héran et Gilles Pison, Deux enfants par femmes dans la France de 2006 : la faute aux immigrés ?, *POPULATION SOCIÉTÉS*, N° 432, Mars 2007

（注）「障がい」という言葉は、日本で法律名などで固有名詞として使われている場合は「障害」と表記し、それ以外は「障がい」と表記します。

第6章　フランスのひとり親家庭について

井上たか子

はじめに

「フランス女性はなぜ結婚しないで子どもを産むのか」と問うことは、とりもなおさず「日本女性はなぜ結婚しないと子どもを産まないのか」と問うことである。考えられる理由は、第一に生まれてくる子どもが非嫡出子として差別されるのではないかという不安、第二は、日本で婚外子を産むことはほとんどの場合シングルマザー（本章では、妊娠・出産時からひとり親である母親をシングルマザーと称する）になることを意味するので、それにともなう困難である。そこには「未婚の母」に対する偏見、職業と子育てを両立することの難しさ、公的財政支援の不足などさまざまな問題が含まれる。

しかし、「そんなことは問うまでもない、当たり前だ。いくら少子化が問題だからといって、婚外子を増やしてまで子どもを増やすことはない」という考えもあるだろう。いまの日本ではそのほうが一般的かもしれない。そうした傾向を反映してか、二〇一〇年に国立社会保障・人口問題研究所が行った「第一四回出生動向基本調査」によると、一八～三四歳の未婚女性で「結婚前の男女でも愛情があるなら性交渉をもってかまわない」に賛成する人は八三・二％もいるにもかかわらず、「結婚していなくても、子どもをもつことはかまわない」への賛成は三三・七％となっている（図表6―1）。これは、結婚していないのに妊娠したことがわかるといわゆる「できちゃった婚」をする人が多いことと表裏一体をなしている。厚生労働省の「出生に関する統計」によると、二〇〇九年に生まれた第一子に関して、両親の結婚期間が通常の妊娠週数（マイナス三週）より短かった割合は二五・三％であった。つまり第一子の四人にひとりは結婚前に妊娠した子どもである。この割合は母親の年齢が若い層ほど高い。最近は「授かり婚」という表現も目にするが、「子どもを産むからには結婚を」という考えには変わりない。一方、親が未婚のまま生まれる子どもの割合は約二％にとどまっている。

フランスでは、結婚しないで子どもを産むことは必ずしもひとり親家庭になることを意味しないが（一）、それでもひとり親家庭の割合は子どものいる家庭の二〇％を占めている。本章では、こうした状況の背景にある家族の変容（二）、ひとり親家庭の現状と問題点（三）、特に貧困の問題とその対策（四）について考察し、親の婚姻上のステータスにかかわらず子どもが平等に扱われる社会をめざすことこそが少子化問題を考えるうえで重要であることを示したい。

図表6-1　結婚・家族に関する意識（2010年）

結婚・家族に関する考え方	【未婚男性】		【未婚女性】		（参考）【妻(夫婦調査)】	
	賛成	反対	賛成	反対	賛成	反対
①生涯を独身で過ごすというのは、望ましい生き方ではない	64.0(%)	31.9	57.1(%)	39.4	57.9(%)	38.7
②男女が一緒に暮らすなら結婚すべきである	73.5	22.8	67.4	29.4	68.5	28.5
③結婚前の男女でも愛情があるなら性交渉をもってかまわない	84.0	11.9	83.2	13.0	89.2	7.7
④どんな社会においても、女らしさや男らしさはある程度必要だ	86.1	10.4	85.0	11.8	88.2	9.1
⑤結婚しても、人生には結婚相手や家族とは別の自分だけの目標をもつべきである	81.2	14.9	84.2	11.9	84.9	12.2
⑥結婚したら、家庭のためには自分の個性や生き方を半分犠牲にするのは当然だ	58.2	38.0	45.4	51.2	52.4	44.8
⑦結婚後は、夫は外で働き、妻は家庭を守るべきだ	36.0	60.1	31.9	64.7	30.9	66.2
⑧結婚したら、子どもはもつべきだ	77.3	18.7	70.1	26.3	67.8	28.6
⑨少なくとも子どもが小さいうちは、母親は仕事をもたず家にいるのが望ましい	73.3	22.9	75.4	21.5	66.2	30.7
⑩いったん結婚したら、性格の不一致くらいで別れるべきではない	72.3	23.8	62.2	34.1	58.2	38.5
⑪結婚していなくても、子どもをもつことはかまわない	31.6	64.7	33.7	62.9	39.1	57.9

注：対象は18～34歳未婚者。集計客体数：男性3,667、女性3,406。⑪は第14回調査における新規項目。参考に示した本調査・夫婦調査による妻の数値は、初婚どうしの夫婦の35歳未満の妻を対象とする（集計客体数：1,776）

出典：「第14回出生動向基本調査」、国立社会保障・人口問題研究所

一　フランスでは、婚外子の母＝シングルマザーではない

フランスでも事実としての「できちゃった婚」はあるが、概念としての「できちゃった婚」はない。子どもをもつのに結婚しているか否かを問題にする人は少ないからである。フランス国立統計経済研究所ＩＮＳＥＥによると（図表6―2）、二〇〇六年に生まれた子どものうち、日本の「できちゃった婚」に相当する婚前妊娠は二・八九％であった。他方、結婚しないままで産んだ子ども、いわゆる婚外子は四九・五一％である。言い換えると、結婚していないのに妊娠したケースのうち、九四・四八％は親が未婚のまま、つまり同棲のままで生まれている。

婚外子の割合は二〇〇七年には半数を超え、二〇一〇年には五四・五％に達している。フランスではこうした変化にともなって、一九七二年法（第4章九一頁）をはじめとする親子関係に関する法改革が行われ、現在ではすべての子どもが親の婚姻上のステータスにかかわらず法的に平等である。嫡出子／自然子という用語上の区別そのものも、二〇〇五年の政令（二〇〇六年七月一日施行）によって民法典から消去された。当然ながら、日本のように出生登録時に嫡出子とそうでない子が区別されることもない。また、子どもの姓についても、二〇〇二年に採択された家族の姓に関する法（二〇〇五年五月施行）により、父親の姓または母親の姓のどちらか一方、または両方（両親の姓から一つずつ、合計二つまで）を受け継ぐことができる。家族の姓が文字どおり父親の姓 patronyme であった時代は終わったのである。

図表6-2　両親の婚姻状況による子どもの出生割合

年	婚外子	婚前妊娠* （できちゃった婚）	両親が結婚しないまま 出生した子どもの割合
1960	6.07（%）	7.44（%）	44.95（%）
1965	5.92	8.95	39.79
1970	6.84	11.53	37.23
1975	8.51	11.07	43.46
1980	11.38	7.47	60.38
1985	19.58	5.68	77.52
1990	30.05	5.06	85.58
1995	37.58	3.63	91.19
2000	42.61	3.98	91.47
2005	47.37	3.17	93.74
2006	49.51	2.89	94.48

注＊：婚姻後８ヵ月以内に生まれた子ども数
作成：井上たか子
参照：Proportion de nés vivants selon la situation matrimoniale des parents et conception prénuptiale ou postnuptiale, INSEE

そもそも結婚という制度の必要性は、生まれてくる子どもの正統性を保証するためにあったが、その意味ではもはや結婚は必要ではなくなった。人類学者のフランソワーズ・エリティエによると、地球上どこにでも通用するような普遍的な結婚の定義はないそうである。一八〇四年の民法典、いわゆるナポレオン法典も結婚を定義してはおらず、主要な要件を列挙するにとどまっている。すなわち、生涯をとおして共同生活をすること、性的結合のあること、性的成人に達した異性同士の契約であること、近親相姦の禁止の尊重、一夫一婦制、国家を代表する者を介した公的同意と登録などである。しかし、地球上には、同居が義務づけられていなかったり（妻問い婚）、子どもや性的不能者との結婚、女性同士の結婚も存在するという。もちろん一夫多妻もある。一般に認められている最小限の定義は、「周囲によって社会的に認められている、一人の男と一人の女の持続的な結合」

匿名出産

匿名で出産する慣習はフランスではすでに一二世紀から存在していたが、法律として定められたのはフランス革命後の一七九三年のデクレによる。その後数度の改定を経て、一九九三年には民法典に導入された（三二六条）。一九七〇年代には毎年一万件を数えていたが、避妊法の普及や中絶の合法化のおかげで望まない出産が回避できるようになり、近年では五〇〇～六〇〇件まで減少している。二五歳未満の母親が四分の一を占め、経済的困窮（一五％）など理由はさまざまだが、自立している女性（二五％）もいる。公立病院で無料で出産することができ、出産後二ヵ月を経ても母親の決心に変わりがないときは、子どもは養子として引き取られるか国に保護される。

二〇〇二年の法律により、子どもが自分の出生について知るための国家委員会がつくられ、匿名出産の母親にも情報を残すことが奨励されている。「子どもはできるかぎり、その父母を知る権利がある」（子どもの権利条約七条）とする子どもの権利と女性の権利の間で議論が続いている。

というものであるが、そうした男女の結合を公認する必要があったのは、生まれてくる子どもを社会的に承認するためであった。しかし、今日では、フランスだけでなく多くの国で、子どもの正統性を承認するのに結婚の枠は必要とされなくなっている。婚外子と嫡出子との差別が民法で規定されている日本のような国はむしろ例外的である。

それでは婚外子の親子関係はどのように定められるのかといえば、母親との親子関係は出産によって自動的に認められるのに対して（ただし、匿名出産によって拒否することも可能である）、父親との親子関係は認知によって成立する。フランスの国立人口研究所ＩＮＥＤの調査によると、誕生から一年を経ても認知されていない子の割合は最近では四％に満たない（**図表６―３**）。婚外子の増加とともに、父親による認知も一般化し、大半は誕生前あるいは誕生時に認知され

図表6-3　婚外子と出生後1年以内に父親に認知されなかった子の割合

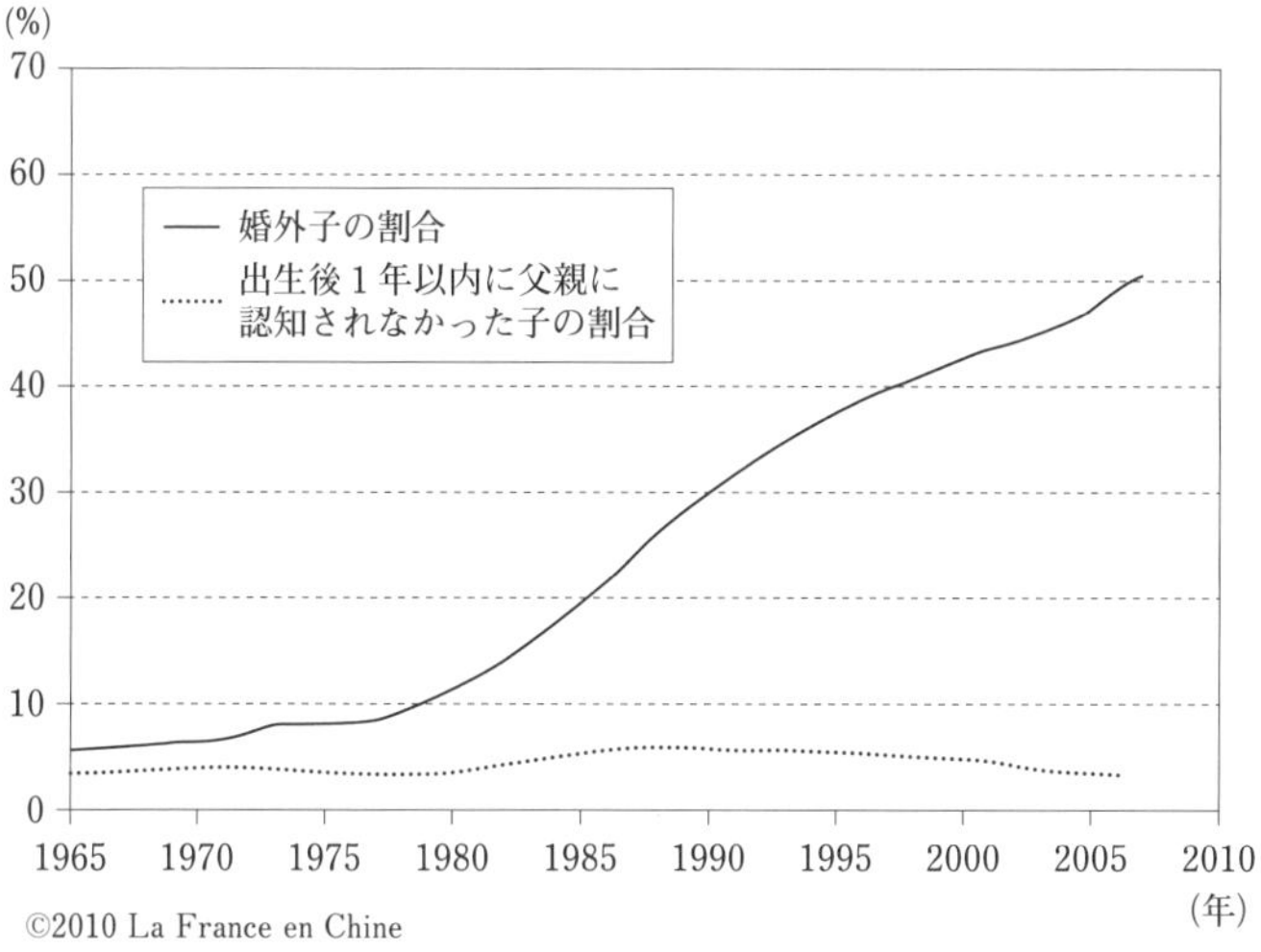

ている。認知はしても生活は共にしていないケースもあるが、〇歳では大半が両親と生活しており（図表6—4）、婚外子の母＝シングルマザーではない。

　また、婚外子として生まれたからといって、ずっと婚外子のままとはかぎらない。子どもが生まれた後で結婚することも多く、婚姻数全体の約三〇％を占めている（図表6—5）。実際、一八歳未満の子どもの大半（六三％）は結婚している親と暮らしており、結婚していないカップルと暮らしている子どもは年齢が増すにつれて少なくなっている（図表6—4）。というのも、現在では同棲してから結婚に移行するケースのほうが標準的であり、結婚前に同棲したことのない結婚は一〇％しかない。要するに、子どもを産むときに結婚しているか同棲しているかでたいした違いはないと考えられており、生まれる子どもは両

図表6-4　0〜17歳の子どもの家族形態

年齢	結婚した両親と暮らしている子ども	結婚していない両親と暮らしている子ども	ひとり親家庭の子ども	その他
0	53.8	35.5	8.5	2.2
1	56.7	31.7	9.7	1.9
2	59.1	27.7	11.4	1.8
3	60.8	24.8	12.7	1.7
4	62.0	22.7	13.7	1.6
5	62.8	20.8	14.6	1.8
6	63.5	19.4	15.4	1.7
7	64.3	17.7	16.2	1.8
8	64.7	16.7	16.7	1.9
9	65.1	15.6	17.4	1.9
10	65.5	14.7	17.6	2.1
11	65.7	13.7	18.3	2.3
12	65.9	13.0	18.8	2.3
13	66.1	12.1	19.3	2.5
14	65.7	11.4	19.9	3.0
15	66.0	10.4	20.4	3.3
16	66.0	9.6	20.6	3.8
17	64.7	8.5	20.5	6.3
Total	63.3	18.0	16.2	2.4

出典：Insee, enquêtes annuelles de recensement de la population de 2004 à 2007

図表6-5　子どもの出生後の婚姻数（子どもの数別）と婚姻数全体に占める割合

年	子どもの出生後の婚姻数	認知された子どもの数								婚姻数全体に占める割合（%）
		1人	2人	3人	4人	5人	6人	7人	8人以上	
2000	89,569	56,940	25,712	5,570	950	350	29	9	9	29
2001	83,584	53,644	23,444	5,260	889	288	31	13	15	28
2002	81,037	51,510	23,309	4,967	913	219	60	36	23	28
2003	79,853	50,713	23,000	4,913	906	197	68	25	31	28
2004	81,538	50,999	24,187	5,096	915	232	60	30	19	29
2005	84,827	52,168	26,147	5,278	905	198	70	28	33	30

作成：井上たか子

参照：Mariages ayant légitimé des enfants par nombre d'enfants concernés, INSEE

親のカップル形態にかかわらず同じように育てられている。子どもたちの日常生活に差異があるとすれば、それは両親の法的ステータスではなく、社会階層による影響のほうが大きい。いずれにしても、婚外子の母が道徳的非難の対象にされるということはない。ましてやシングルマザーだけを区別／差別することはない。「未婚の母」という意味で用いられていた fille-mère もいまでは死語になっている。

二 「近代家族」の変容とひとり親家庭の増加

フランスでも、長い間、結婚しないで子どもを産むことは悪く見られていた。一九四九年に出版された『第二の性』のなかで、シモーヌ・ド・ボーヴォワールは、「母親の神聖な権利については実に多くのことが語られてきたが、〔……〕未婚の母親はまだ軽蔑されている。母親が讃えられるのは結婚においてだけ、つまり夫の従属物であるかぎりにおいてだ」と書いて、母性が尊敬の対象になるのは、結婚しているときだけであることを問題にしている。「母親」の章には、未婚の母になることから逃れるために流産しようとしてさまざまに試みる娘たちの苦悩が描かれている。フランスでは一九七五年まで中絶が非合法であったのだ。

しかし、高い婚姻率と出生率、低い離婚率が特徴的であった一九五〇年代が終わり、一九六〇年代の半ばになると、人口統計学上のあらゆる指標が急激な変化を示す。すなわち離婚率の上昇、婚姻率と出生率の低下、そしてユニオン・リーブル（自由な結合）と呼ばれた同棲の普及である。ユニオン・リーブルは最初は若者のあいだで、次いで若者に限らず増加して、第一子だけで見ると半数以上が婚外子という状況になる。

こうした人口学的激変の原因を特定するのは難しいが、人口統計学者のルイ・ルーセルは、戦後生まれの若者が成年に達し始めた時期であることに着目して、彼らが受けた教育に何らかの変化があったのではないかと推測している。また、避妊技術の発達、女性の労働市場への参加が顕著になったのもこの時期である。さまざまな要因があいまって、性の平等への大きな動きが顕在化したと言えるだろう。法社会学者イレーヌ・テリーは「フランス革命以降、徐々に始動していた性の平等のダイナミックスが、一九六〇年代に至ってまるで化学変化が起きたように急激な社会変化をもたらした」と述べている。それはとりわけ戦後世代に働きかけて、やがて一九六八年の五月革命や一九七〇年に誕生したＭＬＦ（女性解放運動）の活動となってあらわれる。五月革命の発端には、パリ西部ナンテール大学女子寮で男子学生入室禁止の廃止を要求した学生たちの性の自由の主張があった。それは、新しいカップル関係の模索でもあった。

ＭＬＦについては、日本でも特に、「欲しいときに、欲しいと思う子どもを産もう」というスローガンのもとに中絶と避妊の自由を訴えたことで知られている。当時、多くの女性にとって非合法の中絶は肉体的、精神的な拷問であり、そのために命を落とす者も多かったのだ。ＭＬＦはまた、未成年で妊娠した「未婚の母」の人権を守るためにも闘った。そうした娘たちの大半は家族や家族の「友人」による強姦によって妊娠した被害者であるにもかかわらず、非行少女扱いをされてリセ（公立中・高等学校）を追われ、出産後も復学を認められなかった。フランス政府はすでに一九四四年に、一二～一八歳のこうした娘たちの職業教育を目的とする全寮制の学校を開設していたが、学習条件は劣悪で、実態は「罪を犯した」娘たちの更生施設に似ていた。一九七一年一二月に、そうした施設のひとつで娘たちが抗議のハンガーストライキを計画する。きっかけは家族計画協会Planning familialが提案した避妊に関する無料講演会を校長が断ったことにある。この事件の経緯についてはボーヴォワールが回想録『決算のとき』のなかで詳しく述べているが、これをきっかけにMLFは彼女たちを支援する。娘たちは、親権からの解放と生まれてくる子どもを育てるための援助を要求していた。当時、一五歳の娘でも結婚さえすれば親権から解放されたにもかかわらず、彼女たちは未婚であるがゆえに一七歳を過ぎても親の支配のもとに「疥癬にかかった羊」のように扱われていたのだ。こうした活動はメディアによって報道され、大衆の共感を得ていく。社会は次第に、女性が結婚せずに子どもをもつことを受け入れていく。重要なのは、この行動の発端が収容されていた娘たちの意思にあったということではないだろうか。当事者たちの行動が社会慣行に変化をもたらしたのだ。

しかし他方で、家庭内における男は相変わらず家父長的なままであり、家族はブルジョア的道徳にしばられていた。家庭こそは性の平等のダイナミックスにとって最も執拗な障害物であったと言える。だからこそ、平等化の大きな動きのなかで家族も変わらざるをえなかった。合法的な「正しい」家族がゆらぎ、「未婚の母」や「私生児」といった社会のはみ出し者扱いをされていた者への差別が打ち破られ、結婚するかしないかだけが親子関係を規定するものではなくなっていく。家族社会学者フランソワ・ド・サングリーの用語を借りれば、家族は「第二の近代家族」へと移行したのだ。

サングリーはフランス革命から一九六〇年代までの家族を「第一の近代家族」、一九六〇年代以降を「第二の近代家族」と区分しているが、「第一の近代家族」の特徴は、婚姻が同一の祖先の血筋を引く「一族」から解放されたことである。近代以前の結婚は一族の長によって定められ、結婚は個人としてではなく、一族同士の代表である誰それの息子と誰それの娘の結びつきであった。これに対して、近代の結婚は二人の男女の個人としての結びつきになる、言い換えれば、近代家族の特徴は夫婦家族制にある。それがなぜ一九六〇年代になって、離婚率の増加、婚姻率の減少といった変化となってあらわれたのか。サングリーはこうした家族の変容を近代の特徴である個人主義の高まりという観点から説明している。すなわち家族という制度からの個人の解放、個々人の選択の多様化として理解される。カップル間の愛は、個人としてのアイデンティティに基づくものであり、制度によってしばられるものではなくなったのだ。

しかしそれは単に、家族という集団や制度から「中性の」個人が解放されたというだけではなかった。すでに記したように、そこには性の平等のダイナミックスが働いている。テリーは、この観点から、フランス革命後の近代家族にはもう一つの特徴があったことを指摘する。すなわち、第一の特徴である夫婦家族制には「夫による妻の融合」というもう一つの特徴が内包されていたのである。そこでは男性である夫だけが自立した者と見なされ、家族における決定権を有し、妻や子どもを統括していた。つまり、家族は二人の男女の婚姻によって成立するにもかかわらず、一プラス一が二にはならず、一のままであったのだ。前近代の結婚から近代の結婚への移行は、女性の側からすれば、「一族の長の支配」から「夫の支配」へと支配者が変わっただけであった。それをカモフラージュしたのは、上野千鶴子が『近代家族の成立と終焉』で言及しているように、イギリスの家族史家エドワード・ショーターが近代家族の要件の一つとしてあげた「ロマンス革命」――夫婦愛である。しかし現在では、こうした夫婦愛の強調自体が、逆に夫婦の離別の原因になっている。「愛がなくなったのなら、一緒にいる理由はないわ」。

「第一の近代家族」では、たとえ愛がなくなっても、夫婦は別れるわけにはいかなかった。夫婦は性別による固定的な役割分担によってしばられていたからである。「夫が稼ぎ、妻は家庭を守る」という分業が固定化されているかぎり、生活手段をもたない女性は別れたくても別れられない。また、法的にも、合意離婚が認められたのはようやく一九七五年になってからである。合意離婚は、革命直後の一七九〇年に一旦認められたもののすぐに廃棄され、ふたたび認められたのは「第二の近代家族」においてである。もちろん、夫婦の不解消性の原則が崩れたからといって、夫婦の関係そのものが軽薄になったということではない。サングリーによれば、夫婦間で最も望まれている特質は「誠実、裏切らないこと fidélité」であると、多くのアンケート調査が明らかにしている。「第二の近代家族」が「第一の近代家族」と異なるのは、カップルの安定性や永続性が望まれなくなったということではなく、それらが制度の強制によってではなく、人間関係の質によって維持されるかぎりにおいて望まれるということである。喜んで離婚／離別する人はいないだろう。にもかかわらず、離婚／離別は増加し続け（図表6―6）、結果としてひとり親家庭が増加している。

こうした家族の変容に危機感を抱く人は、それが性の平等のダイナミックスによってもたらされ

図表６-６-１　離婚数の変遷

（％）

年	離婚数	婚姻数100に対する離婚数
1985	269,419	30.5
1990	287,099	32.1
1995	254,651	38.2
2000	114,005	38.2
2005	152,020	52.3
2006	135,910	46.9
2007	131,320	45.5
2008	129,379	45.1
2009	127,578	44.7

作成：井上たか子
参照：F. Prioux, M. Mazuy, M. Barbieri, “L'évolution démographique récente en France”, *Population*, 2010(3), INED

図表６-６-２　結婚しているカップルと結婚していないカップルの離別率は、後者のほうが高い。

（％）

	５年後の離別率	10年後の離別率
1980年に		
結婚	5	12
同居	11	22
1990年に		
結婚	9	17
同居	17	30

作成：井上たか子
参照：F. Prioux, "Mariage, vie en couple et rupture d'union", *Informations sociales*, n°122, 2005, CNAF

ひとり親家庭の定義

国立統計経済研究所ＩＮＳＥＥと家族手当金庫ＣＡＦで異なっている。

・国立統計経済研究所の定義では、ひとり親とその子ども以外に同居者がいない世帯をひとり親世帯という。したがって、祖父母などと同居している場合は含まれない。一方、夫婦であっても、職業上あるいは個人的な理由で別々に暮らしている場合も、統計上はひとり親世帯となる。なお、「子ども」とは、独身で子どものいない者をいい、年齢、収入の有無は問わない。（本章で参照した統計では、調査によって二五歳未満あるいは一八歳未満となっている。）

・他方、家族手当金庫の基準では、一人で他の人の援助なしに二〇歳未満の子ども――子どもの年齢は給付の種類によって二一歳未満（家族補足手当、住宅援助手当）、二五歳未満（積極的連帯所得手当）の場合もある――を扶養している親をひとり親 parents isolés という。祖父母や友人と住居をシェアしていても、同棲ではないことを条件に、家計が別であればひとり親に対する給付を受けられる。ただし、子どもが働いている場合は、その収入が法定最低賃金ＳＭＩＣの五五％を超えないことが条件となる。

たという説明に対して、どう感じるであろうか。確かにその結果、さまざまな新たな問題が生じていることは否定できない。ひとり親家庭の貧困もそのひとつである。しかし、それらの問題は、男女が不平等であった社会に戻ることによって解決されるものではないだろう。むしろ、いまだ平等化が十分ではないことに原因があるように思われる。フランスでも、固定的性別分業に基づく制度が完全に崩れさったわけではない。家庭内の家事など無償労働の分担における不平等、男女の賃金格差や職種の偏りといった労働市場における不平等はいずれも根強く残っている。ちなみに、二〇〇九年のフルタイム雇用の給与所得者の平均月収は、女性一七七八ユーロ、男性二二二一ユーロで、約二〇％の格差があった。テリーが述べているように、「平等な社会とは問題のない社会ではない。平等の問題に立ち向かう社会なのである」。

三　ひとり親家庭の現状と問題点

フランスではひとり親家庭の増加が著しく、一九六二年には六八万世帯であったのが、二〇〇五年には二・五倍以上の一七五万八〇〇〇世帯に増加している。言い換えると、子どものいる世帯のうち五世帯に一世帯がひとり親家庭である。

ひとり親家庭になった理由をひとり親の婚姻上のステータスから推定すると（図表6―7）、一九六二年には全体の五四・九％を占めていた「婚姻後死別」が現在（二〇〇五年）では九％に減少しているのに対して、離婚／離別（「独身」つまり結婚していないカップルの離別）によるひとり親家庭の増加が著しい。特に後者は、一九六二年には六万二〇〇〇世帯であったのが、二〇〇五年には十倍を超す六三万世帯に増加し、ひとり親家庭全体の三五・八％（母子家庭では三八・〇％）を占めている。すでに記したように、婚外子の母＝シングルマザーではないし、結婚しないで子どもを産むこととひとり親家庭の増加に直接的な因果関係はない。しかし現実には、結婚しないで子どもを産むという選択には、ひとり親家庭になるという大きな可能性が含まれていることがわかる。なお、この「独身」と分類されている数値には、離別の他に、内訳は特定できないが、同棲相手が死亡したり、もともとシングルマザーというケースも含まれている。

シングルマザーだけを取り上げた情報が少ないために少し古い調査になるが（一九九九年）、彼女たちの年齢の中央値は三六歳であった。未成年（一八歳未満）の母親はひとり親に限らず一般に減

図表6-7　ひとり親*の婚姻上のステータス

	1962	1968	1975	1982	1990	1999	2005
女性	553,000(100.0%)	576,000(100.0%)	625,000(100.0%)	758,000(100.0%)	1,013,000(100.0%)	1,285,000(100.0%)	1,486,000(100.0%)
独身	56,000(10.1)	61,000(10.6)	85,000(13.6)	129,000(17.0)	236,000(23.3)	427,000(33.2)	565,000(38.0)
法律婚	107,000(19.3)	105,000(18.2)	108,000(17.3)	99,000(13.1)	152,000(15.0)	165,000(12.8)	218,000(14.7)
婚姻後死別	302,000(54.6)	304,000(52.8)	267,000(42.7)	230,000(30.4)	193,000(19.0)	130,000(10.1)	127,000(8.5)
離婚	88,000(15.9)	106,000(18.4)	165,000(26.4)	299,000(39.5)	433,000(42.7)	563,000(43.8)	577,000(38.8)
男性	127,000(100.0)	146,000(100.0)	150,000(100.0)	129,000(100.0)	162,000(100.0)	203,000(100.0)	272,000(100.0)
独身	6,000(4.7)	6,000(4.1)	8,000(5.3)	7,000(5.6)	14,000(8.4)	30,000(14.9)	65,000(23.9)
法律婚	34,000(26.8)	52,000(35.6)	60,000(40.0)	33,000(25.7)	35,000(21.9)	53,000(26.3)	62,000(22.8)
婚姻後死別	71,000(26.8)	68,000(46.6)	56,000(37.3)	47,000(36.7)	43,000(26.6)	31,000(15.2)	32,000(11.8)
離婚	16,000(12.6)	20,000(13.7)	26,000(17.3)	42,000(32.1)	70,000(43.1)	88,000(43.6)	112,000(41.5)
計	680,000(100.0)	722,000(100.0)	775,000(100.0)	887,000(100.0)	1,175,000(100.0)	1,488,000(100.0)	1,758,000(100.0)
独身	62,000(9.1)	67,000(9.3)	93,000(12.0)	136,000(15.3)	250,000(21.2)	457,000(30.7)	630,000(35.8)
法律婚	141,000(20.7)	157,000(21.7)	168,000(21.7)	132,000(14.9)	187,000(16.0)	218,000(14.7)	280,000(15.9)
婚姻後死別	373,000(54.9)	372,000(51.5)	323,000(41.7)	278,000(31.3)	236,000(20.0)	161,000(10.8)	159,000(9.0)
離婚	104,000(15.3)	126,000(17.5)	191,000(24.6)	341,000(38.4)	503,000(42.8)	651,000(43.8)	689,000(39.2)

注＊：この統計での「ひとり親」とは、25歳未満の未婚の子と同居しているひとり親をいう

出典：*Recensements de la population de 1962 à 1999, enquêtes annuelles de recensement de 2004 à 2007*, Insee

少しており、一九八〇年には一万人を超えていたのが一九九〇年代終りからは約四〇〇〇人、出生数全体の〇・五％になっている。フランスでは女性の避妊意識が高く、避妊していない女性は、パートナーがいない・妊娠したい・妊娠中・不妊などの場合を除くと二％弱である。それでも意思に反して妊娠してしまうリスクがゼロということはない。望んだ妊娠でも出産前に相手の男性と別れることになる可能性もある。結果として、人工妊娠中絶を選択せざるをえない女性も多く、近年でも毎年、出生数の四分の一にのぼる中絶が行われている。しかし、中絶をせずに、シングルマザーになる選択をする女性も多い。ちなみに、避妊法のうち最も多いのはピルで、二〇〇五年の調査では二〇～四四歳の女性の四四・五％が用いている。次いで避妊リングが一七％で、男性任せになりやすいコンドーム使用は七％。性交後七二時間以内に用いると効果のある緊急ピル（二四時間以内で九五％の効果、四八～七二時間では五八％）も処方箋なしで購入できるし、学校看護師による中学・高校での無料配布も合法化されている。二〇〇五年には一五～五四歳の女性のほとんど（九九・八％）がこの緊急ピルについて知っており、一三・七％が利用したという。

要するに、現在のひとり親家庭の増加は、結婚制度のゆらぎによるものである。結婚はもはや、カップルや親子関係の成立のために不可欠な制度ではなくなった。――女性だけを未婚か既婚かで区別するために用いていた「マドモアゼル」も、二〇一二年二月二一日の首相通達で今後行政文書では使用しないことになり、婚姻上のステータスにかかわりなく「マダム」に統一されることになった。

婚姻カップルの二組に一組が離婚に終わるという現状から見て（二〇〇九年にはそのうち五七％が

未成年の子どものいるカップルであった）、ひとり親家庭は今後も増えていくだろう。子どものために離婚を思いとどまる人も減少している。二〇〇五年の「家族関係・世代関係に関する調査」によると、フランス人の約八割（女性では八三％）が「カップルでいることが不幸せなら、たとえ子どもがいても離婚してもかまわない」と考えている（図表6―8―1）。ちなみに一九八〇年と二〇〇〇年の調査では、それぞれ五八％と七三％の女性が「互いに理解しあえなくなったら、子どもがいても別れるほうがよい」と答えていた（図表6―8―2）。一方で、同じ二〇〇五年の調査では九割近い女性が「子どもが幸せに育つためには、両親のそろった家庭を必要としている」と答えている（図表6―8―1）。また、二〇一一年の「フランス人と家族」という調査でも、「一生、同じ人と一つの家庭を築きたいと願っている」人が七七％（最も多いのは二五～三四歳で八九％）で、「必ずしもそうは思わない」人一三％を大きく上回っている（図表6―8―3）。そうした思いにもかかわらず、多くの女性が「幸せ」でない状態に甘んじるよりは離婚を選択する。不誠実な裏切り、ＤＶ、失業や貧困がカップルの関係を破壊してしまう場合も多いだろう。離婚／離別の要求の四分の三は女性の側からであるという。

結果として、ひとり親家庭の八五％は母子家庭である。離婚／離別に際して母親が子どもを引き取るケースが多いこと（離婚調停では八五％が母親に子どもが託される）に加えて、男性のほうが再婚率が高いこと（子連れの、もはや若くない女性にはチャンスが限られても、男性のほうはしばしば先妻より若い女性と再婚するのはいずこも同じである）、子どもが生まれたときからひとり親であるケースはもっぱら女性であること、さらに、配偶者を失う割合も女性のほうがどの年齢においても高いこ

図表6-8-1　フランス国立経済研究所と国立人口研究所が共同で実施した「家族関係・世代関係に関する調査」(2005年)

○カップルでいることが不幸せなら、たとえ子どもがいても離婚してもかまわない

(%)

	男性	女性	全体
賛成	49	57	53
どちらかといえば賛成	26	26	26
賛成でも反対でもない	10	8	9
どちらかといえば反対	8	5	7
反対	6	4	5

○子どもが幸せに育つためには、両親のそろった家庭を必要としている　(%)

	男性	女性	全体
賛成	74	66	70
どちらかといえば賛成	19	21	20
賛成でも反対でもない	4	6	5
どちらかといえば反対	1	3	2
反対	1	3	2

○女性が、ひとりの男性との持続的関係をもちたくないとき、自分ひとりで子どもをもち育ててもかまわない

(%)

	男性	女性	全体
賛成	28	27	27
どちらかといえば賛成	23	23	23
賛成でも反対でもない	18	18	18
どちらかといえば反対	16	18	17
反対	15	15	15

備考：対象は、フランス人の平均的サンプルとして抽出した18〜79歳の男女１万人

となどが理由である。ひとり親家庭の問題は女性の問題であると言っても過言ではない。もちろん、新しいパートナーを見つけて「幸せ」になる場合もあるが、財政的困難や、社会からの孤立感――特に外国人共同体出身の場合に顕著である――に苦しんでいる場合もある。そうした問題は、ひとり親家庭になった理由、子どもの年齢や人数、親の年齢や教育レベ

図表6-8-2　雑誌 Madame Figaro のために調査会社 TNS/SOFRE が行った「女性の変化に関する調査」

（%）

	1980年	2000年
子どもが育つまでは、カップルは別れずにいるほうがよい	27	19
互いに理解しあえなくなったら、子どもがいても別れるほうがよい	58	73
無回答	15	8

備考：フランス人の平均的サンプルとして抽出した18歳以上の女性530人を対象に2000年2月23-24日に行われた対面調査

図表6-8-3　La Croix 紙のために調査会社 IPSOS が行った「フランス人と家族」についての調査

（%）

	全体	18～24歳	25～34歳
一生、同じ人と一つの家庭を築きたいと願っている	77	84	89
必ずしもそうは思わない	13		
その他	7		
無回答	3		

備考：フランス人の平均的サンプルとして抽出した18歳以上の男女940人を対象に2011年9月16-17日に行われた電話による調査

図表6-9　子どもの年齢別子ども数とひとり親家庭の子どもの割合

年齢	年齢別子ども数（千人）	両親と暮らしている子ども（%）	ひとり親家庭の子ども（%）	ひとり親家庭のうちの年齢別割合　（%）
0～2歳	2,234.9	89.5	10.5	6.5
3～5歳	2,258.1	85.6	14.4	9.1
6～17歳	8,902.3	79.9	20.1	49.8
18～24歳	2,795.7	75.3	24.7	19.2
25～39歳	972.8	68.5	31.5	8.5
40歳以上	367.1	33.3	66.7	6.8
総数	17,530.9	79.5	20.5	100.0

作成：井上たか子
参照：Enfants des familles par type de famille, INED

ル・職業などによってさまざまであることは言うまでもない。また仮にそれらの条件が同じであっても、その条件をどう受け入れ、感じるかには当然ながら個人差がある。特に、ひとり親家庭の定義において子どもの年齢に幅があることは（コラム一四九頁）、ひとり親家庭の状況を多様なものにしている。子どもといっても、一八歳以上の成人が三五％近くを占めており、六歳未満の子どもは一五・六％、六〜一七歳の学齢期の子どもが約半数の四九・八％を占めている（図表6—9）。さらに、離婚／離別後の子どもと同居していないほうの親との関係によっても状況はまったく異なってくる。最近では、子どもとの絆が保たれている場合が増えており、それが政策目標にもなっている。もちろん、少数であれ、一度も両親と一緒に暮らしたことのない子どもがいることも看過できない。

このようにひとり親家庭の実情は多様であり、彼女たちが出会う問題についてここで細かく分析する余裕はないが、現在最も深刻な問題は貧困である。二〇〇八年の国立統計経済研究所の統計によると、ひとり親家庭の貧困率は三〇％で、貧困線以下の生活をしているフランス人全体の約二一％に相当する。もちろん貧困については、金銭的次元だけでなく、健康、教育、人間関係など多次元的な配慮がなされなければならない。しかし、所得（消費）水準は他の次元とも高い相関関係があり、可処分所得を基準として算出される貧困率は貧困を把握するうえで重要な指標になっている。

「とはいっても、それはすべて、あなたが選択したことの結果であり責任はあなたにある」と反論する人もいるかもしれない。「ひとり親家庭の増加は婚姻規範の弱体化によるものであり、その背景には性の平等の進展による女性の経済的自立がある、いまや結婚は夫の経済力を当てにしたたものではなく、対等な男女の愛情による結びつきになった、そして愛がなくなったので離婚を選択したのではないのか」と。

確かに、それは一面の真理である。少なくとも現在のフランスで、若者が結婚しないのは女性が結婚相手に望む年収、平均何百万円以上を稼げる男性が少ないからだといった議論が公然となされることはありえない。家族の生活費はカップルが共に稼ぎ、助け合えばよい。また、女性が出産・子育てのために退職するということもほとんどない。フランス女性は「子どもより職業を優先する。もし職業と家庭生活の両立があまりにも厳しければ、子どもをもつことのほうをあきらめるだろう。だからこそ、フランスの家族政策は職業と家庭生活の両立のための対策を重視するのである」。これは、フランス政府の公式サイトのひとつ Vie-publique.fr に掲載されている家族政策についての解説の一節である。事実、現在のフランスの高い出生率を支えているのは、職業的に安定した年齢すなわち三〇歳以上の女性たちである。こう書くと、フランスでは育児休暇が最長三年もあるからだという声が聞こえて

貧困率

・日本とフランスで採用している貧困率は、いずれも相対的な貧困率である。

・日本では、等価可処分所得が全国民の等価可処分所得の中央値の五〇%、いわゆる貧困線に満たない人の割合をいう。（等価可処分所得とは、世帯単位で把握した可処分所得を世帯員数の差を調整するために**世帯員数の平方根**で割った数値で、世帯員ひとり当たりの所得に相当するとみなされる。）

・フランスでは、世帯の可処分所得を**消費単位UC**で割った数値を世帯員ひとり当たりの可処分所得と見なして、その中央値の六〇%に満たない人の割合をいう。（UCとは、世帯員のうちひとり目の大人を一、その他の一四歳以上の者をひとり当たり〇・五、一四歳未満の子どもをひとり当たり〇・三として計算した合計数。）

育児休暇の改革案

社会問題監督局IGASが二〇一一年六月七日に連帯・社会的団結大臣に提出した報告書は、両親休暇（育児休暇）を短縮し、現行の三年から一年にする代わりに、手当を休暇前の給与の六〇%に増額するという改革を提案している。これにより、父親の取得を奨励すると同時に、母親の職業空白期間を短縮するという狙いである。

他方、母親休暇（出産休暇）と父親休暇を合体する。すなわち、現行一六週間の母親休暇のうち一二週間を産前休暇とし、産後に八週間の「子ども迎え入れ休暇」を設け、父母がそれぞれ四週間ずつ平等に取得する（現行の父親休暇は一一日）というものである。移譲はできない。父親が四週間の休暇を取った場合は、一週間のボーナス休暇がプラスされる。

きそうだ。しかし実際には、法定最低賃金の半分程度の育児休暇手当（「就業自由選択補足手当」、第5章一一三頁）にあまんじて長い休暇を取る女性は少数である。逆に、現在フランスでは、育児休暇を一年に短縮することが検討されている。代わりに、手当を休暇前の給与の六〇%に増額するという。

日本の育児休業制度は、休業中の手当も比較的高く（育休取得前の給与の五〇%）、フランスに比べても決して劣ってはいない。にもかかわらず、出産退職を選択する女性が多い（二〇〇〇〜〇四年に第一子を出産した女性の出産前後の就業経歴によると、育休を利用して就業を継続した人一三・八%に対して出産退職した人が四一・三%もいる。ちなみに厚生労働省が発表する育児休業取得率は、在職中に出産した女性——つまり出産前に退職した出産退職者は含まない——のうち育児休業を開始した人の割合である）。こうした現実を真剣に問題にしなければならない。男性片働きモデルから脱却し、男女の職業と家庭生活の両立を阻んでいる状況を打開することは、少子化対策としても重要である。

図表6-10　2005年と2009年における離婚の種類とその割合

（%）

	2005	2009
合意離婚（配偶者が共同で作成した離婚合意書を裁判官が審理して決定する。審理回数は1回）	60.4	53.5
許諾離婚（配偶者の一方による離婚要求に他方も同意した場合に認められる。離婚条件については裁判官が決定する）	9.6	24.5
破綻離婚（他方が望まなくても一方が望めば2年間の別居を結婚生活の終了とみなして離婚が認められる。ただし、有責離婚が同時に申請された場合、裁判官はまず有責離婚について審理する）	1.3	9.9
有責離婚（暴力や不倫など結婚生活の維持を不可能とするような過失を理由とする離婚）	28.1	11.4
不明	0.7	0.8

作成：井上たか子
参照：F. Prioux, M. Mazuy, M. Barbieri, “L'évolution démographique récente en France”, *Population*, 2010(3), INED

フランスに話をもどすと、確かにひとり親家庭の増加は家族形態の多様化によるものであり、多様化すれば格差が生じるのは当然であろう。ひとり親家庭のなかには、死別や、必ずしも望まない離婚／離別によって傷つき立ち直れないでいるケースもある。パックスは一方が望めば解消できるし、離婚についても、二〇〇四年五月二六日法（二〇〇五年一月施行）により他方が望まなくても一方が望めば二年間の別居を結婚生活の終了とみなして離婚できるようになった。この破綻離婚は二〇〇九年に成立した離婚の約一〇%を占めている（図表6―10）。また、自ら「選択」してひとり親家庭になったとしても、保育や雇用の環境によって思うようにいかないこともある。それらをすべて自己責任として切り捨てることはできないであろう。少なくとも、子どもに責任はない。現在のフランスでは、

図表6-11　ひとり親家庭／カップル家庭の失業率／就業率（2004〜07年）

（％）

		女性		男性	
		ひとり親家庭	カップル家庭	ひとり親家庭	カップル家庭
非就業者		15	20	11	6
失業者		17	9	9	6
就業者	フルタイム	51	47	75	85
	パートタイム	17	24	5	3
学歴	BAC＊＋2年以上	23	30	23	26
	BAC	17	18	14	15
	BACのない者	60	52	63	59

注＊：BAC=baccalauréat 大学入学資格
作成：井上たか子
参照：*Insee premiere*, n° 1195

ひとり親家庭は人生の通過点として誰にでも起こりうることであり、一〇人に四人の女性が、「いまはひとり親家庭でないが自分もいつそうなるか分からない」という不安を抱いているという。女性たちが安心して子どもをもつことができるためにも、ひとり親への支援は不可欠であろう。

四　ひとり親家庭の貧困への対策

母子家庭の貧困を解決する最良の方策は、母親が安心して働ける環境をつくることである。現在のひとり親家庭の母親の就業状況を見ると（**図表6—11**）、働いていない女性（一五％）はカップル家庭の女性（二〇％）に比べて少なく、五一％がフルタイムで働いている（カップル家庭では四七％）。しかし、高等教育の学歴をもつ人は二三％で、カップル家庭（三〇％）より少ない。また、失業率も高く（一七％）、働いている場合でも家政婦、介護、ビルの清掃管理といった低資格の職種が多く、低収入の場合が多いという問題がある。

政府や地方自治体はこうした現状に無関心ではなく、変則的な勤務時間にも対応する保育施設の充実や、各人の能力を伸ばして将来展望のある職業に就けるための職業教育など、公的給付に頼るのではなく働いて自立する方向での施策を進めようとしている。しかし、一〇人に一人のフランス人が失業しており、特に若者（一五〜二四歳）の失業率が二二％を超えているという経済状況において、その効果は不十分である。

とはいえ、ひとり親家庭の貧困はすなわち子どもの貧困であることを考えれば、母親たちの経済的自立を待っているわけにはいかない。そうした観点から、本節では、公的財政支援とその効果（1）、共同親権（2）について見ることにする。

1　公的財政支援とその効果

フランスで「ひとり親家族」、「再構成家族」（子どもを連れた再婚家庭）といった新たな家族形態が家族政策のカテゴリーとして登場するのは一九七〇年代半ばである。しかし、それ以前の一九七〇年に両親または片方の親のいない孤児を対象とする「孤児手当 allocation d'orphelin」がつくられており、「片方の親のいない孤児」には寡婦と「未婚の母」の子どもが含まれていた。一九七五年に対象が拡大されて、離婚／離別して一人で子どもを育てている親の子どもが加わる。これは国家が、合法的な婚姻とその不解消性に基づく「正しい」家族だけでなく多様な家族形態がありうることを認め、カップルの離別による子どもの貧困のリスクにも手を差し伸べたものとして意味がある。

家族支援手当ＡＳＦ
・両親または片方の親がいない／あるいは片方の親が認知していない子どもを扶養しているときに（親子関係の有無にかかわらず）支給される。
・また、一方の親または両親が最低二ヵ月継続して養育の義務を果たさない場合も、一定の条件のもとに支給される。
・収入条件はなく、片親しかいない子に月額八八・四四ユーロ、両親がいない子に一一七・九二ユーロ（いずれも二〇一二年一月現在）が二〇歳まで支給される。

なお、この手当は、一九八四年に「家族支援手当ＡＳＦ」に移行して現在に至っている。

一九七六年には、フランスに居住する妊娠中または幼い子どもを扶養している離婚者・寡婦・未婚者を対象とする「ひとり親（孤立した親）手当ＡＰＩ」が創設される。最低限の生活を保障することが目的で、収入条件がある。支給額は子どもの人数によって異なる。支給期間は、原則として子どもが三歳になるまでであるが、ひとり親になったときにすでに三歳を超えていた場合は、最長一二ヵ月間となっている。

なお、こうした手当がつくられた背景には市民団体の活動があったことも推測される。フランスには、一九四五年三月三日の政令によって制度化された全国家族協会連合ＵＮＡＦという組織があり、一九六六年に結成された全国ひとり親家庭組合、一九六七年に結成されたひとり親家庭組合連盟もこの全国家族協会連合に加入する。これらの団体は、すでにそれ以前から加入していた寡婦や戦争孤児の相互扶助のための団体と並んで、離婚によるひとり親家庭も含めたより幅広い利益を代表した。ちなみに、全国家族協会連合には、現在七一万四〇〇〇家族をメンバーとする八〇〇〇団体が加入しており、七〇の運動系列に分かれて活動している。さまざまな家族団体が全国家族協会

積極的連帯所得手当ＲＳＡ

・二〇〇八年一二月一日法（二〇〇九年六月施行）により、受給者に最低限の生活を保障すると同時に就業を奨励し、社会参入を促す目的でつくられた公的扶助制度 minima sociaux のひとつ。それまでの「ひとり親（孤立した親）手当ＡＰＩ」、「社会参入最低所得手当ＲＭＩ」などに代わって、働かずに生活保護を受けるよりは少しでも働いたほうが収入増加につながる制度として導入された。受給資格は、給付基本額（世帯構成により異なる）以下の低所得で、原則二五歳以上である。支給額は、給付基本額を基に算出される。

支給額＝（給付基本額＋世帯の就労所得×0.62）－（世帯収入＋住宅援助定額金*）

＊住宅援助を受けている場合、世帯人数に応じた住宅援助定額金が差し引かれる。

・ただし、妊娠中または扶養している子どもがいる場合は二五歳未満も可となっており、給付基本額についても、申請から一二ヵ月間（子どもが三歳未満のときは三歳になるまで）増額される。要するに、

連合を介して、あるいは直接に国家の家族政策に影響を及ぼしていることはフランスの家族政策の大きな特徴である。

ひとり親手当に話をもどすと、現在は、二〇〇九年に導入された「積極的連帯所得手当ＲＳＡ」に組み込まれている。これは、ひとり親家庭への支援を「子どもを育てること」から「職業をもち、自立すること」へと方向転換したことを意味している。フランスのみならずＥＵ全体の女性政策の方向性、とりわけ二〇〇〇年のリスボン戦略をはじめとする「母親役割から就業化へ」という目標を反映するものでもある。

ひとり親家庭を対象とする手当は家族手当金庫ＣＡＦを通して支給されるが、①上にあげた家族支援手当、従来のひとり親手当など固有の手当の他に、②一般の家族手当のうち受給資格に所得条件のあるもの（乳幼児受入れ給付の出産・養子手当や基礎手当、家族補足手当、新学期

従来のひとり親手当と同等の手当が保障されている。

［例］一人で二歳の子どもひとりを扶養しており、就労所得：月額300ユーロ、ASF：88.88ユーロ、住宅援助を受けている場合。

支給額＝(813.16＋300×0.62)−(300＋88.88＋113.98)＝496.3ユーロ

就労していない場合に比べると、

支給額＝(813.16＋0)−(0＋88.88＋113.98)＝610.3ユーロ

単純計算で、(300＋496.3)−610.3＝186ユーロだけ収入が増えることになる。

・RSA受給者および配偶者は、就職活動を行う義務があり、雇用促進・就職支援機関が紹介した「適正な求人」を二回以上断わることはできない。

手当、住宅手当、積極的連帯所得手当など）についての条件緩和、③同じく一般の家族手当のいくつか（従来のひとり親手当、障がい児養育手当、親つき添い手当など）についての支給額加算、といった支援が行われている。なお、これらの財源の大半、約三分の二は社会保障制度加入者の保険料で賄われるが、残りは全国民負担社会保障税CSG（給与の七・五％）によって補充されている。また、社会保障制度の他の部門（医療、老齢年金、労災など）については雇用者と被雇用者の双方が保険料を支払うのに対して、家族部門だけは雇用者のみが負担していることも日本とは異なっている。

一方で、税制上の優遇措置もある。フランスでは所得税の課税にN分N乗方式が用いられているが、ひとり親家族には〇・五パート（配偶者の死亡によってひとり親になった場合は一パート）の加算がある（子どものいない寡婦には加算はない）。さらに、このシステムによって生じる税額優遇の限度額もひとり親に有利になっている。日本の所得税法における「寡婦控除」のようなシングルマザーへの差別はない。日本では、夫と死別あるい

所得税のＮ分Ｎ乗方式

家族の所得を合計して「世帯所得」を求め、それを「家族除数」（大人一人を各一パート、子どもは二人までを各〇・五パート、三人目以上を各一パートとして算出した合計パート数）で割って、一パート当たりの所得「家族指数 quotient familial」を算出する。次にこの家族指数に対する税額を計算し、その額に合計パート数を乗じた額が「世帯当たりの税額」になる。累進課税のため、家族除数が大きいほど、言い換えれば子ども数が多いほど有利になる仕組みになっている。

こうして生じる税額優遇には限度が設けられているが、ここでもひとり親家庭には条件が緩和されており、一般の優遇限度額二三三六ユーロ（二〇一二年）に対して四〇四〇ユーロとなっている。

は離婚して一人で子育てをしている母親にのみ「寡婦控除」が認められ、シングルマザーには適用されない。このため、税金が高くなるだけでなく、課税所得に応じて決められる公営住宅の入居条件や家賃、保育料などにも不利が生じている。

住宅については、ひとり親家庭の母親のうち三八％（カップル家庭では一四％）が低家賃の公営団地ＨＬＭに住んでおり、持家に住んでいる人は二八％（カップル家庭では六三％）である。住宅援助は、さまざまな条件が考慮される複雑なものなので、ごく簡単に説明すると、持家支援を主とする個別住宅支援ＡＰＬ、子どものいる家庭を主な対象とする家族住宅手当ＡＬＦ、それらの支援からははずれた貧困層のための社会住宅手当ＡＬＳの三種類がある。いずれも受給には所得条件があり、支給額は家族構成、収入などを考慮して算出される。ちなみに二〇一〇年の平均支給月額は、個別住宅支援が二一九ユーロ、家族住宅手当が二五八ユーロ、社会住宅手当が一七五ユーロとなっている。これらの手当はひとり親家庭に限られたものではないが、家族住宅手当受給

図表6-12　所得の再分配が子ども（18歳未満）の貧困率に与える効果（2010年）

	当初所得の中央値（ユーロ）	当初所得における貧困率（%）	直接税支払後の貧困率（%）	家族給付受給後の貧困率（%）	公的扶助受給後の貧困率（%）	住宅手当受給後の貧困率（%）	再分配後の所得の中央値（ユーロ）
子どものいる世帯全体		32	32	24	23	20	
子どものいないカップル世帯	25190						24160
子ども1人のカップル世帯	21390	11	11	10	9	8	22200
子ども2人のカップル世帯	19450	16	16	11	11	9	20810
子ども3人以上のカップル世帯	13460	44	43	27	27	24	16810
子どものいない単身世帯	18600						18100
子ども1人のひとり親世帯	12200	50	50	46	42	32	14000
子ども2人以上のひとり親世帯	8150	71	71	59	56	46	12560

作成：井上たか子
参照：*Etudes et Résultats*, n° 788, janvier 2012, DREES

者の四五％、社会住宅手当受給者の九〇％がひとり親家庭であった。また、これとは別にパリ市などでは、月収一六〇〇ユーロ未満のひとり親家庭に住宅特別手当一二二ユーロ／月を支給している。

こうした援助による所得の再分配は、**図表6―12**に見るように、ひとり親家庭の貧困率低下にかなりの効果をあげており、子ども一人のひとり親世帯では五〇％→三二％、子ども二人以上のひとり親世帯では七一％→四六％となっている。特に、家族給付と住宅手当の効果は著しい。また、これ以外にも、三人以上の子

図表6-13　子どものいる世帯の貧困率（2000年）

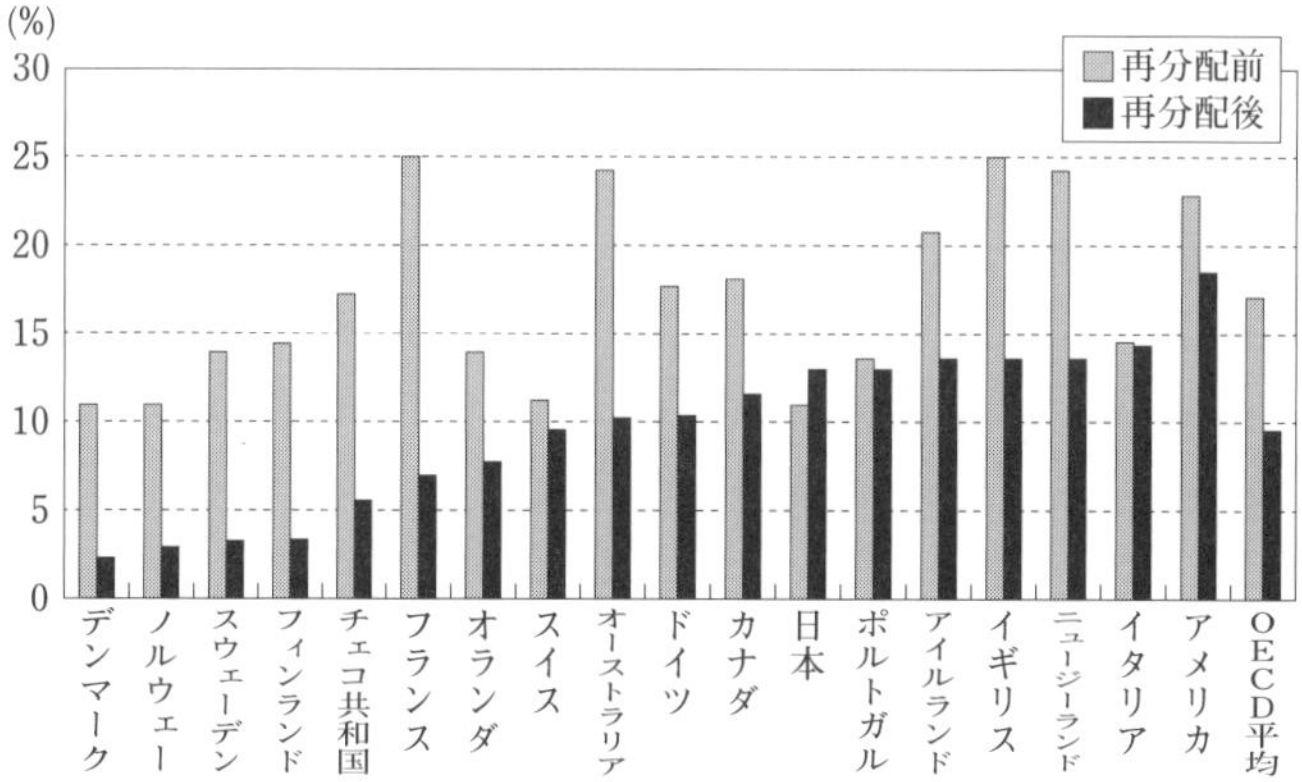

出典：OECD (2005)

どものいる多人数家族を対象とする国鉄ＳＮＣＦの割引きカードが二〇〇九年三月から一八歳未満の子どものいるひとり親家庭にも適用されている（所得条件あり。割引率は二五～五〇％）。

しかし、ひとり親世帯の貧困率は依然として高く、カップル世帯との差も大きい。子どもを産み、生命をつないでいくことは人生の大きな価値である。母親であることの価値は結婚しているか否かにかかわらない。こうした観点に立つとき、ひとり親かカップル家庭かという違いで子どもの生活水準に差があることは見過ごせない。また、子どもの数が多いほど貧しいというのも不合理ではないだろうか。ましてや、日本のように子どものいる世帯で再分配後の貧困率が再分配前より高いというのは、家族政策の「貧困」を物語っているとしか言いようがない（図表6―13）。ひとり親家庭では社会からの孤立感に苦しむなど精神的な困難も大きい。せめて財政的困難を軽減するという考えがなければ、これから子どもを産む女性たちが安心して産み

図表6-14-1　フランス人の家族政策に関する考え方

○子ども（18歳未満）のいるあまり裕福でない世帯への援助が十分でない　(%)

	全体	子どものいる人	子どものいない人	世帯月収			
				999ユーロ未満	1000～1999ユーロ	2000～3499ユーロ	3500ユーロ以上
そう思う	58	54	58	65	66	60	51

備考：フランスの世論調査機関 Opinionway が2012年1月に行ったウェブアンケート
対象は、フランス人の平均的サンプルとして抽出した18歳以上の男女990人

育てることはできないだろう。

子どものいる貧困家庭への対策は当然ながら莫大な財源を必要とする。それは税金や社会保険料の負担となって国民にのしかかってくる。それでも、大統領選挙を三ヵ月前にひかえた二〇一二年一月の世論調査は、フランス人の五八％が「子どものいるあまり裕福でない世帯への援助が十分でない」と考えていることを示している（図表6―14―1）。子どものいない人でさえも、同じく五八％がそう考えている。これは、自分の利益よりも、社会的に排除されている人たちへの連帯を重んじる人が多いことを示していると言えるだろう。

当事者であるひとり親家庭の人たちはどのように評価しているのだろうか。「ひとりで子どもを育てなければならない場合に出会う第一の困難とは何か」という二〇一一年のアンケートによると（図表6―14―2）、トップは「国家による財政的援助の不足」五〇％、次いで「職業と家庭の両立の困難」二八％、「保育手段の不足」一一％、「養育費の不払い」八％となっている。問い方を変えた「国家による財政的援助は十分だと思うか」という質問には七九％が不十分であると答えている。

図表6-14-2

○一人で子どもを育てなければならない場合に出会う第一の困難とは何か　(%)

	フランス人全体	ひとり親家庭
職業と家庭の両立の困難	37	28
国家による財政的援助の不足	27	50
保育手段の不足	18	11
裁判で取り決めた養育費受取りの困難	12	8
無回答	6	3
全体	100	100

○現在フランスでの国家による財政的援助は十分だと思うか　(%)

	ひとり親家庭
十分なされている	19
不十分である	79
無回答	2

○一人で子育てすることに日常的に不安を感じている　(%)

	ひとり親家庭
はい（非常に不安＋かなり不安）	37（16＋21）
いいえ（あまり不安ではない＋全く不安ではない）	62（30＋32）
無回答	1

○ひとり親家庭のための保育手段は十分であると思いますか　(%)

	ひとり親家庭
はい（全くそう思う＋どちらかと言えばそう思う）	27（9＋18）
いいえ（どちらかと言えば思わない＋全く思わない）	66（31＋35）
無回答	7

備考：フランスの世論調査機関Csaが2011年３月に行った電話アンケート
　　　対象は、フランス人の平均的サンプルとして抽出した18歳以上の男女1012人

２　共同親権

日本とは異なる特徴として、両親の子どもへの責任は離婚／離別した後も維持されるという「共同親権」の原則をあげることができる。日本でも二〇一一年の民法の一部改正（二〇一二年四月施行）で、協議離婚に際して父母が協議して定める事項として「養育費の分担」と「面会交流」があることが明文化されたが（民法七七六条一項）、これらの取り決めがなければ離婚届けが受理されないというわけではない。フランスでは、この共同親権の原則により、子どもと同居していないほうの親は養育費を支払う義務がある。養育費は原則として離婚／離別の際に決定する。ちなみにフランスではたとえ協議離婚であっても、必ず一度は裁判をして離婚条件を定める。法律婚でないカップルの別離後の養育費についても、法的な効果をもつためには、大審裁判所（日本の地裁民事部に相当）による決定を必要とする。養育費の額については、イギリスのような養育費査定の公的基準はなく、養育を受ける側の状況に応じて決定するが、後で見直すこともできる。養育費の支払いが滞った場合は、「直接支払い制度」により、執行吏に介入してもらったり（費用はかからない）、支払い義務者の雇用主または預金先の銀行などに支払いを請求することもできる（第４章九四頁）。二ヵ月以上滞った場合は、二年以上の懲役および一万五〇〇〇ユーロの罰金に処せられるリスクがある。一方、家族手当金庫が介入して、家族支援手当（コラム一六二頁）の範囲内で立て替えたり、取立てを代行する制度も存在する。

フランスでは、一九七〇年六月四日法により「父権」の概念が廃止され、結婚している父母に同等の親権が付与された（ただし、私生児の場合は父親が認知していても原則として母親にのみ付与、離婚しているときは子どもを養育している親に付与)。一九八七年には、両親が共同で親の責任を果たし、離婚後もその責任は維持されるという共同親権の原則が定められた。この原則は、一九九三年一月八日法により結婚していない両親にも生後一年以内に認知することを条件に拡大される。さらに、二〇〇二年三月四日法により、離婚後も子どもを交互に養育し、それにともなって子どもの住所を交互に定めることもできるようになった。その場合、家族給付や税金計算における家族除数(コラム一六五頁)も分割される。この「交互居住 résidence alternée」は、両親の合意または裁判官により、何よりも子どもの利益を最優先して決められることになっている。二〇〇三年一〇月の調査では、交互居住を決定した両親は一〇%弱で、その八割強が両親の合意によるものであった。

とはいえ、もともと共同生活の維持が難しくなったために離婚/離別するのであるから、子どものためとはいえ、必ずしも意見が一致して協力できるとはかぎらない。養育費の取り決めが空文になることも稀ではない。二〇〇三年には、こうした親同士の対立を解決するための調停制度がつくられた。調停費用は当事者の所得に応じて上限が定められているが、二〇〇六年からは調停費用の一部を補助する手当も家族手当金庫などにより支給されている。

以上のように最近の傾向は、離婚/離別後も子どもと両親の絆が保たれる方向に向かっており、日本のように離婚時にどちらか一方に親権が限られる国とは、ひとり親家庭の意味も異なってきている。本章では、両親がそろった「両親」家庭を基準にするかのような誤解を避けるために「片親」家庭ではなく「ひとり親」家庭という表現を用いてきたが、この表現自体もフランスでは実情に合わなくなっており、たとえ母子家庭であっても子どもにとっては父親が存在するという事実を隠ぺいする弊害があるかもしれない。

おわりに

人は必ず死ぬ。だからこそ、子どもを産み、生命をつないでいくことは人生の大きな価値である。結婚しているか否かによって産むことの価値に変わりはないはずだ。ましてや、両親がそろっているかひとり親であるかによって、子どもの価値に変わりはない。しかし、日本では、結婚し「夫に属している」女性は子どものいるいないにかかわらず社会保障や税制での優遇措置を受けているのに対して、結婚しないで母親になった女性への支援は手薄である。婚外子差別に至っては言語道断である。一人で職業と子育てを両立させるのは容易ではない。それでも、近代家族の変容という大きな流れのなかで、日本でも結婚しないで子どもを産む女性が増加する可能性は否めない。そのときに、どれだけ社会的支援ができるか否かは、男女平等の観点からはもちろん、少子化対策という観点からも重要な鍵となるのではないだろうか。

参考文献

Enfants des couples, enfants des familles monoparentales, *Insee première*, n° 1216, janvier 2009
Les familles monoparentales en France, Rapport de Recherche 36, Centre d'Études de l'Emploi, juin 2007
Rapport fait au nom de la mission d'information sur la famille et les droits des enfants, enregistré à la Présidence de

l'Assemblée nationale le 25 janvier 2006
イレーヌ・テリー／井上たか子訳「フランス女性、私的領域と公的領域のあいだで」『女性空間』二一号、日仏女性研究学会、二〇〇四年
François de Singly, *Sociologie de la famille contemporaine*, Armand Colin, 2010

全体討論

コメンテーター：上野千鶴子、司会：井上たか子
登壇者：小林省太、小島宏、二宮周平、齊藤笑美子、神尾真知子
二〇一二年一一月一二日、日仏会館ホールにて

井上たか子（以下、井上） お待たせいたしました。というのは、特に上野先生にではないかと思うんですが。三時間、発言をずっと我慢して待っていてくださいました。上野さんからコメントをいただいて、そしてその後、続けて全体討論というふうに移っていきたいと思っています。ではよろしくお願いいたします。

上野千鶴子（以下、上野） 上野でございます。大変おもしろい報告をありがとうございました。この人選の妙は井上さんのコーディネーションの賜物と思います。五つの報告をその場で聞いて、その場で三〇分コメントを、という過酷な要求をお受けいたしました。お聞きしておりますと、いろんな言いたいことが沸き上がってまいりまして、とても三〇分では足りないぐらいです。

今日のご報告がどれも非常に緻密でディテールにわたっておりましたので、私のコメントは最初に、家族史という長期の動きから斬りこんで、最

後に、日本の女性はなぜ結婚しないし子どもも産まないのかという問いに答えてみようと思います。フランスの女性について考えることは、日本の女性について考えることでもあるからです。

家族規範とここで言われているものは、ほとんど近代家族に当たります。近代家族史研究のなかでは、近代家族を支える規範とは愛と性と生殖が結婚制度のなかで統合するという三位一体規範です。これをロマンチック・ラブ・イデオロギーと呼びます。愛し合った男女が結婚して、セックスして子どもを産む。これが近代家族ですが、この順番に前後があってもかまわないことになっています。結婚が前提なら、セックスを先に始めてルイン（婚前交渉）もかまわないし、妊娠してからゴールイン（できちゃった結婚）してもかまわない。最終的には愛と性と生殖とが結婚のもとに三位一体で一致すればOKという規範が、これまでずっと続いてきました。

では、なぜ日本の女性が結婚もしないし子どもも産まないのかといえば、最初に小林さんから画期的な社説のご紹介がありました。よくよく考えてみると、少子化対策をきちんとやることほど国益にかなうことはなく、また経済合理性にかなうこともありません。したがって経済合理性から考えれば、日本でちゃんと少子化対策をする、そのためには家族の多様化を認める、つまり近代家族のゆらぎを認めていくということが正しいということになりますけれども、そうはなっておりません。

おもしろいなと思ったのは、最初に反応が来たのが、東国原さんだったからということですが、この反応は、ちょうど一九九〇年代から二〇〇〇年代にかけてのネオリベ政権が、なぜワーク・ライフ・バランスということを言いだしたかという事実とよく符合いたします。基本的には女に働いてもらいたい。と同時に子どもも産んでもらいたい。このふたつの要請に同時に応えるために、ネオリベ政権がワーク・ライフ・バランスに積極的であったわけです。したがってこの反応は東国原さんもまたネオリベ政治家であるということを裏返しに立証することになります。

経済合理性から考えて子どもを産んでもらうためには、近代家族規範を守ろうとすれば子どもが産まれない、規範を崩すことによって子どもが産まれるという小林さんの説は、経済合理性の貫徹を規範とか伝統という名の非合理要因が阻害しているということになるのでしょうか。本当にそうなのかどうかを、検討してみたいと思います。いろんな仮説が出てまいりましたので、私の意見を織りまぜながら、同時に論者の方にも質問していきたいと思います。

同棲率をあげれば出生率もあがるか？

小島さんから、日本で同棲率が上がらないことが、出生率が上がらない原因ではないかという仮説の検討がありました。このなかで、フランスで結婚の区分に直接婚と同棲後婚というふたつのカテゴリーがあることを教えていただきました。直接婚というのは、同棲なしで結婚するリスクの大きい結婚であり、同棲が非常に一般化しているということです。その結果として、同棲の割合が出生率を上げるかどうかについては、はっきりしたことは言えないという慎重なお答えでした。

データを見ますと、日本で出生率が上がらない理由は、ひとつは婚姻率が上がらない。もうひとつは婚姻内出生率が上がらない。あともうひとつ、婚姻外出生率も上がらないということです。日本では婚姻率さえ上げれば出生率を上げることができると考えるために、婚姻をできるだけ促そうとして、税金を使って出会いの場をセッティングすることまでやっています。

日本ではほとんどが直接婚であるために、法律婚の晩婚化が文字通りの晩婚化となります。同居の開始と法律婚の開始がほぼ一致しているという、国際的に見て珍しい社会です。小島さんのデータを見ると、同棲率が高い社会では、同棲の開始が二〇代前半ぐらいでずっと横ばいですから、晩婚化とは法律婚の晩婚化であり、同棲については同居開始の晩婚化は、あまり起きていないということがわかっています。ですから法律婚だけ見ていても、日本だけが晩婚化とは言えませんが、同棲率が大変重要だということがわかります。

同棲率が出生率を上げるかどうかは、よくわからないが、結果として、できちゃった結婚になだれこむ可能性があるということでした。そこで、日本での同棲とフランスでの同棲の比較がありました。日本の同棲は、どうやら低年齢、低学歴、低所得層の間での同居によって増えているようです。もっとあからさまに言ってしまえば、経済要因が男女を早い時期から同居させているということになります。

実はこれと同じ処方箋を少子化対策として提案した社会学者がいます。山田昌弘さんです。「パラサイト・シングル」を流行語にした人ですが、彼が「パラサイト・シングル」という言葉を作ったのは九〇年代半ばに実施した調査データに基づいてでした。ところが九〇年代半ばから二〇〇〇年代半ばまでの一〇年間に、パラサイト・シングルの実態は大きく変化しました。九〇年代の半ばまでは優雅なパラサイトだったのが、今は出るに出て行けない追い詰められたパラサイトであると。いずれにしても親の家から出るに出られない、あるいは出て行かないパラサイトの背後には、親のインフラがあります。

山田さんは、少子化対策には、親が子どもを経済封鎖せよという処方箋を出しました。つまりパラサイトを家から追い出して兵糧攻めをすれば、彼らは経済的に逼迫して同居を開始するであろう。同居を開始したら、セックスをするであろう。その結果として子どもを産むであろう。それで同棲率も上がり出生率も上がるであろうと提案をしたのですが、小島説によりますと、同棲が出生率を上げるとは必ずしもいえないとなると、山田さんの処方箋が当たるかどうかも怪しくなります。たとえ同居圧力が高まっても、異性間同居とはかぎらない。今、シェアハウスのような同性間、あるいは男女共学の同居スタイルも出てきておりますので、経済圧力から同棲が増えて出生率が高まるということにはならないであろうと思います。

山田さんのような処方箋に対して、日本で同棲が高まる要因を作れば、出生率につながるかどうかということについて、小島さんのご意見をお聞きしてみたいと思います。


婚姻規範が婚外子の出生を抑制？


次に、二宮さんによりますと、日本で婚姻規範が非常に強いことが、婚外子の出生を抑制しているという説が出てまいりました。これは規範の強さが婚外子出生の抑制要因になっているという規範説ですね。二宮さんはふたつの要因を挙げられました。ひとつは日本では政策的誘導の結果、婚姻に実利性が与えられている。したがって、結婚にに効用があるから結婚したほうが得。結婚から外にいると損だということになる効用説です。もうひとつが、規範説です。

ただし、今のところ婚姻に実利性があるのは、二宮さんもおっしゃいましたけれども、「雇用差別が続いている間は」という前提です。また無業の主婦に有利な制度的な保障があります。

しかしながら、反対に女性の有業率が高まり、女性の賃金と所得が上がれば、この実利性は薄くなっていきます。そうすると、婚姻の実利性がなくなっていった背後には、フランスと日本における男女の賃金格差の大きな違いがあるのではないでしょうか。そうなるとこのような婚姻の実利性を支えているものの背後に、ジェンダー差別があることがわかります。

それとともに日本における非常に強い婚姻規範の指摘がありました。規範というのはある時期には合理性を持ちますが、時代が変化すると非合理なものに変わっていく。これが規範というものの性格です。それでは古くて非合理な婚姻規範が婚外子の出生率を抑制していると言えるでしょうか。

日本では少数派に対して非常に強い差別がある。同調圧力が強い社会であるということがある。もうひとつは、実際に法制上、婚外子差別が今日においても続いています。それでは規範が原因で婚外出生率が上がらないという因果命題を仮説として想定した場合、それなら規範における差別が無くなれば、婚外子が増えると言えるでしょうか。例えば法律上の婚外子の相続分の差別的な規定がなくなることによって婚外子が増えるであろうかと、二宮さんにお聞きしてみたい。私の答えはノーです。規範に抵触するから、婚外子が増えないのではなく、はっきり言って、シングルマザーになると経済的に損だから、としか思えません。

血縁主義のたかまり

その次に齊藤さんから、大変おもしろい話をお聞きしました。そのなかで、結婚規範からの圧力を感じるとおっしゃいました。齊藤さんは「負け犬」だそうですね。まず事実認識からして、日本は本当にカップル社会かというと、家族史的に言うと、答えはノーです。日本で累積婚姻率が男女とも九八％程度に達した、いわゆる全員結婚社会は一九六〇年代の半ばに成立し、それをピークとして、下降に転じております。生涯非婚者が人口の二〇％ぐらいいるのが、近代以前の社会の常態であり、これが近代以後の社会でも常態になると考えれば、日本で近代家族規範というものが継続したのは、ほんの数十年間のことにすぎません。誰でも結婚してあたりまえという時期は、そんなに長い間続いていないと言えます。

今、いらっしゃる茨城という地方では三〇代シングル女は生きにくいとおっしゃる気持ちは、わからないこともありません。でも誰もが結婚してあたりまえというのが常識になった時代は、せいぜい今から数十年前のことにすぎません。結婚規範は、実は古くさいのではなくて、比較的近代の短期間にできた規範だといっていいかと思います。

このような家族規範に対して、齊藤さんは目の覚めるような分析をしてくださいました。家族規範というものが、夫婦規範と親子規範とに分解可能であり、相互に独立しているという指摘は、非常に鋭い着目だと思います。相互に独立した規範が分解していくと、愛と生殖と結婚とが分離していきます。カップルであることが、親子であることの保証でなくなっていくわけですから、明らかにここでは近代家族規範の変化が起きているわけです。

にも関わらず、親子規範が生物学的な血縁主義に非常に強くシフトしている。この傾向は、日本における研究結果とまったく合致しています。日本では生殖技術への強いニーズの背景に、親子規範の血縁主義への高まりがあります。そうなると技術がそこにあるのに、使わないことに対する圧力が出てきます。その裏側で、養子縁組の減少という傾向が出ています。

今日、血縁の価値が、実はかつてなく強くなったとも言えます。ありとあらゆる手段を使っても、少しでもDNA至上主義を達成しようとする、このような傾向は、近代家族規範が強化されていると考えるべきか、それとも解体していると考えていいのか。たしかに夫婦規範と親子規範とは分離したが、むしろ近代家族規範のなかにもともとあった血縁主義が、技術の助けを借りてより強化されつつあるのかもしれません。この点について、もしご意見があれば、お聞かせいただきたいと思います。

生殖における女性の主導権と男性の役割

神尾さんは、フランスの家族政策について述べられました。ただし「家族政策」とは、婉曲な言い方で、本当にファミリーフレンドリーな政策なのか、それともその実、人口政策と労働政策の合体に過ぎないのかということは、検討してみなければなりません。フランスという国は、戦後臆面もなく人口政策を促進した国家ですから、べべフィルな社会であるということは必ずしもファミリーフレンドリーとは限りません。

Société de bébéphile は、英語で言うとチャイルドフレンドリー・ソサエティですが、もし同じように考えた場合、日本は一体どうなんだろうか。日本やかイタリアは、表面上は大変べべフィルな社会です。子どもが大好きな社会で、子どもに甘い社会ですが、子育て中の女性が実際に経験しているのは、日本におけるべべフォビアです。乗り物のなかでも産婦や妊婦に対して、アンフレンドリーであり、ベビーカーを押した母親が立ち往生してしまうような建物や都市の設計がなされており、公共的な場所に子連れで出入りできないというハードルがある社会です。しかも政策的に子育て支援がきわめて貧困で、一見べべフィルであるにも関わらず、実際には社会の設計がべべフォビアになっているということを、どう解釈すればよいだろうかを、お考えいただきたいと思うのです。

神尾さんは、非常におもしろいことをおっしゃいました。生殖に関して女性が主権を持っていることが、社会政策との結合によって、出生率を押し上げる効果を持つと。なるほどこうやって生殖の主導権を女に渡して、女性の子育て支援を全面的に行うことによって出生率を押し上げるという、おもしろい政策を採用したのがフランスだということです。

女性に生殖の主導権のある社会では男性の役割は、一体どうなるでしょうか。そこでは父親であるということが、何を意味し、どのような役割を持つのでしょうか。また父親であるというアイデンティティはどうなるのでしょうか。五人の論者がどなたも、出産を女性の問題として限定的に扱い、男の役割については言及なさいませんでした。これについて、後でお話をいただければ、ありがたいと思います。

人口政策、労働政策でもある家族政策

神尾さんがはっきりおっしゃったのが、家族政策は選択に中立的な制度設計を目指すと日本でも言われているが、その実、中立な政策などありえないということでした。日本でもワーク・ライフ・バランス政策を政府が推し進めようとした時に、直ちに反発が起きました。選択に中立的といいながら、専業主婦に対してアンフレンドリーであると。WLBは働くママばかりを応援しようという偏った政策であるという保守派からの反発がきましたが、それは予期されたものでした。WLB政策は、女性の就業促進というはっきりした政策目的を持っております。したがってWLB政策は「選択に中立的」な政策ではありません。その政策インパクトを、データで直ちに点検してフィードバックし、政策効果を図っていくというフランスは、非常に緻密な制度設計をやっているということがよくわかります。

神尾さんがおっしゃった家族政策は、一方で人口政策であり、もう一方で労働政策であるという二面性を持っています。どういうことかというと、女性にも働いてもらいたい。そして子どもも同時に産んでもらいたい。この両方を達成する必要があるということです。九〇年代以降、グローバリゼーションの波を浴びたすべての社会が、ネオリベ的な改革の下で、一見ウーマン・フレンドリーな政策を進めてきました。フランスのサルコジ政権のもとにおけるこうした家族政策も、日本におけるWLB政策も、その意図は大して変わりはあ

りません。

労働政策としては、働く母親を増やすという効果、そして子どもを産んでも働き続けるという選択肢を増やす効果はたしかにあったかもしれません。ですが、それは産んだ後の話であって、人口政策としての効果はあったのでしょうか。このような家族政策が、出生率を押し上げる効果があったかどうかについては、神尾さんもおっしゃいましたけれど、実はよくわかっておりません。仮に出生率を押し上げる効果が無かったとしても、ファミリーフレンドリー、あるいはチャイルドフレンドリーな政策はやるべきだという立場はあります。

日本の女性の選択

その上で再び、日本に戻ってみます。今日私たちが日仏会館で「フランスの女性はなぜ結婚しないで子どもを産むのか」という問いに答えるということの、背後にあるもうひとつの問いは、「結婚しないで子どもを産むという選択を日本の女性はなぜしないのか」というものです。

もう一度、近代家族の三位一体規範に戻りましょう。七〇年代以降、近代家族規範は世界中でゆらぎを経験し、そのゆらぎを、別名「性革命」と呼んでいます。その「性革命」が近代家族規範を解体して、私たちはポスト近代家族の社会に入ったと言われているわけですが、ある社会が性革命を通過したか否かということを測る、はっきりした人口学的な指標がふたつあります。

ひとつが離婚率の上昇です。もうひとつは婚外子出生率の上昇です。このふたつが結婚のもとの愛と性と生殖との三位一体が崩れたことのインデクスになります。

いわゆる先進工業諸国を見ますと、いたるところで離婚率も婚外子出生率も上昇しています。ところが日本における離婚率は諸外国に比べても低いですし、婚外子出生率は約二%、統計学的には無視して良いほど少ないと言われます。それでは日本という社会は、先進工業諸国のなかでは例外中の例外、家族規範がきわめて強固に残ったために、その非合理な要因によって性革命から取り残された社会なのだろうかという仮説が成り立ちますが、答えはノーです。

なぜかと言いますと、先程挙げた離婚率上昇と婚外子出生率上昇に対応する、機能的に等価な指標が日本には、それぞれあるからです。

ひとつは離婚率上昇に対する非婚率の上昇です。離婚というのは結婚しないとできませんが、非婚というのは結婚前離婚と言っていいぐらい、つまり結婚しないで最初から離婚状態にあるというようなものです。つまり日本の女性はいったん結婚してからやーめたという面倒なことをする前に、最初から結婚をやーめたという選択をしていることになります。国際的に見て、きわめて高い非婚率の上昇が日本の特徴です。非婚が同棲とも結びついていないために、非婚は文字通りの非婚です。

もうひとつ、婚外子出生率は上昇しておりませんが、婚外・婚前の性交渉経験率は高まっており、結果として未婚女性の中絶率が高まっています。未婚女性の中絶は、婚外性交渉の増加が望まない妊娠をうみだしたときに、選択されます。婚外子出生率は、婚外性交渉の増加のインデクスと考えられておりますので、婚姻規範があきらかに緩んでいる証拠になります。もし婚外妊娠が、そのまま出産に結びつけば、日本における婚外子出生率が押し上げられ、そのことによって出生率全体に婚外子出生率が貢献するというかたちで、日本の出生率は増加するでしょう。日本の出生率に対する、婚外子出生率の貢献は微々たるものですから、出生率も上昇しないという結果が出ています。

シングルマザーは損

私たちはここでふたつのことに気がつきます。ひとつは、日本では、産まれなかった子どもという暗数があることです。もうひとつは、離婚率上昇の代わりに非婚率上昇になると、その間の違いは、離婚だと出産する確率が高いが、非婚だとまったく子どもが生まれないことです。したがって非婚率の上昇も、未婚者の中絶率の上昇も、いずれも少子化をさらに促進する要因、出生率抑制の強い要因になっています。このふたつが変化しない限りは、日本における出生率の上昇はとうてい望めないということになります。

何がここで問題かといいますと、ひとつは婚姻外でも妊娠を出産に結びつけるような条件が整えばいい。つまり非婚シングルマザーが子どもを産める条件が整えばよいということになります。

もうひとつ、日本では離別率も徐々に上がっておりまして、離別シングルマザーが増えています。子どもの有無が離婚の抑制要因にならなくなりました。しかも子どもが小さいことが離婚の抑制要因にならないこともわかっており、離別シングルマザーはますます増えています。一方で離別シングルマザーは増え、他方、非婚シングルマザーはほとんど増えません。非婚シングルマザーはなぜ増えないのか。ここでもう一度、日本女性はなぜ結婚しないで子どもを産むという選択をしないのかという問いに対する答えを考えてみましょう。

その答えは各種のデータから、はっきり出ております。それはシングルマザーになると損だからです。食えないからです。仮に法律が改正されて、婚外子差別が撤廃されても、おそらくこの状況は変わらないでしょう。日本におけるシングルマザーの年間平均所得は二一〇万、職業は非正規雇用が圧倒的です。しかもそれだけでは食えないので、ダブル就労をやっている女性が多い。しかもそもそも就労そのものに困難を抱えています。

日本でなぜ結婚しないで子どもを産む女性が増えないのかという問い以前に、そもそもシングルマザーになる原因のいかんを問わず、女がシングルマザーになったとたん、きわめて困窮した事態に陥るということを、日本の女性はよく知っています。

しかも今申し上げました、子どもをもって働く女性の就職難、あるいは非常に厳しい就労状況は、配偶者のいる女性の場合でも同じです。シングルマザーが増えない大きな要因には、雇用のジェンダー差別がきわめて厳しいということがあります。経済合理性から考えて、どう考えてもシングルマザーになるのは、日本ではとことん損であるのみならず、それを支える公的支援が貧しいということが原因だろうと思われます。

女性に安定雇用を与えよ

それでは、どうすればよいのでしょうか。ワーク・ライフ・バランスというのは、一見とても女性にフレンドリーに聞こえますが、これはネオリベ政権の下の労働政策だと私は思っています。ネオリベ政権が女性に対する三つの政策目標を達成するための政策でした。

まず、女も労働力になってほしい。第二に、子どもをちゃんと産んでほしい。第三に、他のどなたもおっしゃいませんでしたが、女にいかなる働き方をしてほしいかというと、子育てと両立可能な、使い捨ての労働力になってもらいたい、すなわち非正規雇用者として、安い賃金で働いてもらいたい。この三つの条件を可能にするための政策が、ネオリベ政権のもとの家族政策だったと思うのですが、その結果として、こういう少子化が生まれたのです。

厚労省の外郭団体に家計経済研究所というのがあります。あわや仕分けられる寸前だったのですが、生き残りました。政府の研究機関も、たまにはいいことをやっておりまして、ここが一九九〇年代の半ば、バブルがはじけた後から二〇〇〇年代の半ばに至るまでの一〇年間、不況期を女性がいかに生き延びたかというパネル調査を実施しています。パネル調査というのは、同一の集団を対象として一〇年間追いかけるという非常にテマ、ヒマのかかる調査です。その結果が『女性たちの平成不況』(日本経済新聞社、二〇〇四年)という本になって出ています。この調査の結論が、大変明解なものでした。一〇年前にシングルであった女性が一〇年たってみると、非正規雇用の女性よりも正規雇用の女性のほうがより結婚確率が高く、出産確率も高いというはっきりしたデータが出ました。この調査から得られる政策的な教訓は、以下のようなものです。

もし少子化を本気でやりたいと思うならば、女性に安定雇用を与えよ。しかも過重労働ではなく、育児と両立可能な安定雇用を与えることが、少子化対策に最大の政策効果を持つであろうと予測されます。それがそうはなりませんでした。女性の使い捨てを前提とした労働政策を推進してきた結果、不安定就労のもとに投げ出された女性たちが、子どもを産まなくなったのです。他方、非正規雇用の女性たちは、高い結婚願望を持っているにもかかわらず、結婚確率が低いという、ミもフタもない結果が出ました。

男性の役割?

最後に、このような状況のもとで男の役割はどうなるかということに、少しだけ触れたいと思います。例えば子育て支援の原資は税金です。シングルマザーが安心して子どもを産み育てることができるような手厚い子育て支援、育児手当や子ども給付、保育施設の支援をやる場合にも、原資はもちろん税金になります。経済合理性で考えても、これは完全に国益にかなった合理的な選択だと思うのですが、こういうことをある男性と議論しておりましたときに、そういうことを政治がやるようになると、それは男にとても甘い政策になる、つまり男に乗り逃げOKを許す、セックスの結果に責任を取らない、男の責任を免責するような政策になりはしないか、という指摘を受けました。ある経営者の団体で話したときに、ということは、ボクらにとても優しい政治だねという発言が出たのです。

私の答えはこうでした。はい、まったくその通りです。これは男の乗り逃げを許す政策です。が、個別の男の懐からは金を期待しないが、集合的な男性の懐からは金を出してもらうわけですから、男性に対して個別的な責任は問わないが、集合的な責任は問うという、制度設計になります。結果としてそのほうが、女性が一人でも、あるいは婚姻を前提としなくても、同居しているパートナーが子どもといかなる関係にあろうとも、子どもを産み育てることが容易な社会を作ることになるでしょう。このような社会を作るということに、皆さん方が合意をなさるかどうか。日本の社会はそちらのほうに舵を切ってよいとお考えなのかどうかということが重要な選択になるでしょう。そこに今、抵抗勢力として立ちはだかっているのが、非合理な規範主義者であるということになるでしょう。どうも長時間ありがとうございました。

井上　どうもありがとうございました。いつも時間に几帳面な上野さんに、今日は時間超過で、熱弁していただきました。五人の方の報告がいかに知的刺激に富むものであったかの証明かもしれません。

それでは、それぞれの報告者に質問というか、問題が出されていたと思いますので、お一人三分くらいで、今の上野さんのコメントに対してお話しいただければと思います。一応発言順ということで小林さんからお願いします。

小林省太（以下、小林）　私は最初に申し上げましたように、この問題の専門家でもありませんし、皆さんの発表をうかがっていて勉強になることばかりでした。人の話を聞いて記事にする新聞記者という仕事柄、むしろこちらからいろいろ質問したいぐらいです。

上野さんのお話のなかに、少子化対策、人口を増やすということは、まさに経済合理性を貫くことであり、それに対して何が邪魔をしているのかというようなことがありました。経済新聞ということもあり、シリーズの社説で少子化問題を取り上げたのはまさにそのような問題意識からでした。

実は今回の社説に限らず、記事についての反応を聞いておりますと、「随分思い切ったことを書いたね」とか、「うちはここまでは書けない」といったようなことが往々にしてあります。あるいは、実際に新聞に載る前にああだこうだという社内の議論のなかでも、私も含めてよく口にするのが、「ちょっと論調が一方的ではないか」「バランスを欠いている」といったことです。議論というのはどうしても、丸く収まる側へと進んでいく。

今回の社説につきましては、上野さんの「画期的」というのはお褒めの言葉と思っていますけれども、読まれればそれほどでもないという感じを持たれるんじゃないでしょうか。私もそこまでトンでいるものとは考えていません。ただ、先ほど上野さんがおっしゃった愛と生殖と結婚という三位一体の近代の家族規範、それが私たちを含めてやはり非常に根強く残っている。もちろん、新聞というメディア自体にも残っているし、そこからはみ出すことは一方的でバランスを欠く、というようなこともある。新聞にも社会規範を突き崩すことによく言えば慎重、悪くすると臆病という体質がないとはいえません。あの社説が多少なりとも注目されたのはそうした事情があったんだと思います。

戦後の日本の経済は近代の家族規範を前提に発展してきた。経済団体などはその規範の総本山であったはずなのですが、それではもう成り立たない。家族規範が少子化の元凶であり、したがって経済合理性の邪魔になる。経済団体から少子化対策として家族観、結婚の仕組みの見直しのような話が出てきたのはそうした理由でしょうが、だからといって規範意識が薄れたかというと疑問がある。

東国原知事がネオリベだったかどうか、それはわかりませんが、我々の頭のなかでは、まだ三位一体の家族規範が私を含めて残っているということに、あの社説を書くことによってむしろ気づかされました。

じゃあどうすればいいかというのは、上野さんからもいろいろなお話があり、これからもいろいろ聞かせていただきたいと思いますが、若い人も含めて日本の規範というのは生易しいものじゃないぞ、しぶといぞという感じを、私は持っています。

それから、父親の役割、男の役割という視点は確かに弱かった。子どもが生まれました、では父親も育児休暇をとりましょう、イクメンになりましょう、を超えて、生殖や出産に関する父親としてのアイデンティティは社内でも議論にはなりませんでした。先ほどの男の乗り逃げ論など、目からうろこでした。

井上　ありがとうございました。それでは次に小島さん、お願いします。

小島宏（以下、小島）　私には、親の経済的圧力が異性間の同棲を増やすかどうかっていうご質問だったと思いますが、明確な答えは持っていません。

親子同居っていうのは、一種の親から子への投資でもあるわけですし、将来的には、経済的支援とは限らず、扶養を期待するというような暗黙の契約とまではいかないけれども、了解もあるんでしょうか。親が必ずしもそうするということは限らないという気がします。まあ親が経済的圧力というか、お金をつけて別居、一人暮らしさせるっていうのはまた別な話だとは思います。

それから恐らく子どもの性別によっても違うんじゃないかということですね。同棲の増加が出生率上昇につながるかどうかについても、すみません、はっきりした答えは持っていません。

それから全員に対して、父親のアイデンティティとか役割とかいうことを神尾先生に対するコメントのなかでおっしゃっていましたけれど。これも難しいですね。ＤＮＡのつながりとか、そういうのは、元々人間には限らず、生物が子どもを作るっていうのは、自分のＤＮＡを残すためだという話があるので、それは意識せずにも、あるのかもしれませんが。それ以外では、どうなんでしょうね。

子どもが男か女かということで、父親は、離婚確率も違うようです。アメリカの研究でも男の子だと離婚しにくいとか、そういうこともあるので、まあ子どもの性別によるところもあるのではないかと思います。日本でも、なんかそういう傾向は若干あるようで、実証しようとした方もいるんですけれども、まだはっきり、言えないのですが、やっぱり父親にとっては、男の子がいれば、父親としてのアイデンティティはつくかもしれません。私は女の子二人なので、なんか居場所がないというか、困っています。そんなところです。

井上　ありがとうございます。では次に二宮さん、お願いします。

二宮周平（以下、二宮）　上野さんのご質問は、婚外子の相続分差別などが無くなり、婚姻規範が弱化すれば、婚外子の出生が増えるかというご質問でした。私も上野さんと一緒で、事実婚であれ、シングルであれ、婚姻外で子どもを育てることに対する経済的な困難さがあれば、それは増えることはないと思います。

しかし規範を改めるということについては、意味があるように思うのです。法の役割は、社会の規範に対して強い影響力を持ちます。家制度から近代的な小家族へ転換するにあたって、婚姻法、あるいは戸籍制度の果たした役割はあります。もちろんそれは今日の社会では、上野さんが言われたように、もう時代にあわなくなっていて、その規範自体が適合性を失っています。だとするならば、今度は時代にあった規範を作っていかなければならない。それは基本的に個人を中心にして、個人と個人の関係性のなかに家族を位置づけることではないかと思っています。個の尊厳という規範を、日本社会に少しでも浸透させることができれば、関係をもつにあたって、他者を大切にし、個人個人を尊重したような社会の方向へ動く可能性が残っている。そういう多様性のひとつの象徴として、選択的夫婦別姓の導入や婚外子の相続分差別の撤廃があります。少数者の選択であって、大多数に影響を与えるものではないかもしれませんが、それが国の法制度としての理念であるということを示すことが、いくらかでも社会規範、社会における婚姻規範の相対化につながる可能性があるように考えています。

父親との関わりですが、日本の場合は婚姻をしていれば、妻が婚姻中に懐胎した子は夫の子と推定される。自動的に父親が確保されますが、婚外子の場合は、認知という父親の一方的な意思に依存する形態になっています。このように同じ子どもでありながら、これは齊藤さんとも共通するのですが、親子の関係性を婚姻との関係で決めています。そこを切り離す必要があろうかと思います。婚姻は婚姻。父と子の関係は自然血縁に基づいて整理する。そういう価値転換をしていく必要があるだろう。

出生の段階で、すべての子どもは父を有している。それでは父は、どんな責任を果たせばいいのか。これまで父は扶養、すなわち経済を主に担っていました。でも一番しんどいケアに対しては、妻、特に専業主婦化した女性、雇用差別を受けて、家庭に入る女性によって、それを担わせてきたように思うのですが、今後、最も大切になる責任はケアだと思います。

父親自身が子育てにケアの視点から分担していくという、それに対するインセンティブを、税制や社会保障などで作り上げていく必要があると思います。男性がケアに関わったほうがお得だということがわかれば、我々もお得な選択をするだろうと。どういう仕組みにしたらいいのかというのは、神尾さんにご質問したいと思います。

井上　ありがとうございます。では、齊藤さん、お願いします。

齊藤笑美子（以下、齊藤）　はい。幾つかご質問をいただきましたが、まず日本はカップル社会かというと、ノーということで、私も本当にそう思います。

日本の場合はカップル社会というよりは、特に男性に関しては、同性同士での連帯という、とてもホモソーシャルな社会だと思います。恋人や家族、奥さんのところに帰るよりも、いくら仕事で遅くなっても、同性同士でキャッキャやっているのが、好き。嫌がっている若い人もたくさん知っていますけれども、彼らも行かざるをえないということになって、確かにカップル社会ではない。

それから婚姻規範が機能していたのは長い期間じゃなかったというお話でしたが、事実としての婚姻率の高さと、婚姻規範の強さというのは別問題だと思います。婚姻している人が一九六〇年代半ばをピークとして減っていっているということですが、そのことによって、結婚しなければ一人前ではないという考え方が弱まっていないのではないかと感じます。やはり結婚をしないと、ちゃんとした人間じゃない。あやしい人だと思う傾向は、かなりあるような気がします。実際の婚姻率と、婚姻規範の強さというのは、別の問題だろうと思いました。

それからふたつ目に家族規範が夫婦と親子に分解して、愛とセックスと生殖が分離する。そうすると、この三位一体の上に構築されていた近代家族というのは、壊れていっているのか。それとも逆に血縁主義にシフトしていくことによって、近代家族のなかにあった血縁主義が出てきているのかどうかというご質問があったと思います。

近代家族が、そもそも本当にその三位一体だったのかというところも、ちょっと考えないといけないところがあると思っています。

と言いますのは、近代家族を法制化した典型と考えられるナポレオン法典を見ますと、子は生殖から生まれるんじゃなくて婚姻から生まれる。そこに本当に生殖があるか、セックスがあるか、問題にしていないわけです。妻が出産すれば、それは嫡出推定で夫の子と推定されるわけです。そのときに本当に夫が生物学上の父親なのかということは問題にしない。本当は自分の子じゃないとわかっていても、それを問題にしさえしなければ自分の子になる。

そこは意思主義ですよね。法典を作った人たちは、革命の精神を貫こうとしたんだと思いますが、意思による親子関係の設定ということには、やはりこだわっていたようです。ですから結婚という制度に入ることは、妻が産んだ子どもは自分の子どもとして引き受けるという意思の現れとなる。これが婚姻から子が生まれるということなわけです。

そうするとむしろ血縁主義の復活というか、血縁主義が前面に出てくるというのは、――近代家族規範のなかにそれがあったかどうかというのはちょっとおきますけれども――、近代家族法のなかにある意思主義的な要素の後退と、生物学的な要素の押し出しという関係になっていて、近代家族が自然血縁重視を絶対的に内包していたかというと、そうでもないんじゃないかということがあります。

あとは父親の役割はどうなるのかということですが、フランスについては、やはり生殖の主導権というのは女性にあるように見えます。しかし、そのことによって男性がやり逃げして消えるかというと、実際はそうなっていないように思います。子育てに関わりたいので参加させてもらうというふうになっているということです。逃げる人もいるでしょうけれども、逃げられても匿名出産とか、保険適用の妊娠中絶とかいろいろありますので、女性が母にならないという自由は、最終的なところまで保証されています。そういうところからいくと、男性のほうは、父親になりたければ、やはりケアを担う者として参加していかなければならなくなっているのかなと、フランスに関しては思っております。以上です。

井上　ありがとうございました。神尾さん、お願いします。

神尾真知子（以下、神尾）　上野さんのお話ししたことで幾つか思ったことは、ワーク・ライフ・バランスがネオリベの考え方だというふうにおっしゃったことについて。ひとつは女性が働くこと、女性が子どもをもつこと、そして女性が非正規雇用として使い捨ての労働力となるというのがネオリベの政策であるというふうにおっしゃったんです。しかし、フランスについては、必ずしもそうは言えないと私は考えております。フランスの場合には、一九六八年に五月革命がありまして、あのときに一人一人の意識が変わりまして、そこからだんだんと脱結婚が始まってきたわけです。そうするとそういうなかで女性自身も自立したい、特に経済的に自立したいという要求が非常に強くなりました。しかしそれにも関わらず、子どもをもつことと働き続けることが両立しないという状況のなかで、そういう女性達の要望を取り入れて、家族政策のなかにワーク・ライフ・バランスの考え方が組み込まれたんですね。

ですからフランスで家族政策のなかにワーク・ライフ・バランスの考え方はありますけれども、ネオリベの考え方だと評価することは、フランスに関しては難しいと思います。

あと父親についての位置づけですが、先程時間の制約もありましたので、フランスの家族政策の特色ということで三つお話ししましたなかに、三番目としてフランスの家族政策は女性が働くこと、これを推進する政策をとっていると少し言及するにとどまりました。これは女性自身が望んで、そこでそういうワーク・ライフ・バランスの政策をフランスの政府は、右であれ、左であれ、とるようになったわけなんです。日本の育児休業法は、男女労働者がとれるという規定でしたけれども、フランスの当初の育児親休暇は女性がとるということ、母親がとるということが前提だったわけですね。ですから母親が育児責任を負うということを法律でも前提としていました。後には法改正されますけれども。実際にフランスでは女性のみが育児と家事を担っています。介護はあまりフランスの場合はありませんけれども、それで家庭内の男女平等ということはまったく実現できていなかった。

それに対してフランス政府の政策的な取り組みとしては、二〇〇一年に父親休暇というものを、これは要するに配偶者出産休暇、パートナー出産休暇ということで、配偶者が出産した場合に、継続する一一日間、あるいは多胎出産の場合には、継続する一四日間の父親休暇を制度化しました。この六割以上のお父さんがとっているようです。これは画期的だと言われたんですね。ということで、フランスでは二〇〇一年の父親休暇というのは、フランスの家族政策は、男性を巻き込もうということをまったくしていない。父親休暇が一一日か一四日ということで、やっとだったということですね。

それはずっと、フランスの家族政策を研究していて、いつも歯がゆく思ってきたことです。むしろジェンダー平等の形を取りながら、現実は女性にだけケアとかそういうものが押しつけられて、ままでも一応それなりに、これだけ整っていますので、働き続けることは可能にはなってきて、他の国よりは正社員として働き続けることが可能にはなっているんです。しかしそういう家庭内の男女不平等、ジェンダー不平等に対して、フランスは積極的な政策をとっていないということについては、非常に批判的に思っていたんです。

最近、ＥＵで、男性も参加して家族的責任における男女平等を実現していくという、そういう方向性が出ましたので、やっとフランスもその点について焦点を当てまして、男性も家族的責任に関わるための政策提言がなされています。これから審議されて、たぶん法案にもなっていくでしょうし、多くの場合は労働者なわけですから、労働者レベルで、どうやってワーク・ライフ・バランスを実現していくのか論じられていくでしょう。雇用平等を実現していくのは、なかなか難しいところがあるんですけれども、フランスの場合は団体交渉が非常に公的な位置づけになっていまして、どういうことを、どういう議題について団体交渉をしなければいけないかということが、法律で定められているわけです。ですから男女職業平等の実現、それから男女賃金格差について、フランスは徹底的に研究した結果、五％については合理的理由で男女の賃金差を説明できない、つまり五％は少なくとも性差別があるということは明らかになっていますので、そういう企業内の男女賃金格差是正のための取り組み、これを行う。もちろんワーク・ライフ・バランスの取り組みも、団体交渉において行うということを義務づけて、実際に末端にまで及ぶようにしています。

というこことで、まあ、やっとですね、フランスも男性の家族的責任というところで、男性を家族政策に組み込んでいこうという方向性が出てきたと言えると思います。

井上　ありがとうございました。私も一言話させていただきたいのですけれども。今、皆さんのお話をうかがっていて、フランスも日本も、だいたい一九六〇年の半ばごろから結婚が数として減少してきているということでは共通しているわけですが、それがフランスの場合は同棲の増加という形で出てきて、日本の場合は非婚化という形で出てきているというのが、どうしてかなということがあります。

フランスの場合、なぜ六〇年代の半ばから結婚が減っていったかという理由としては、例えば、人口統計学者のルイ・ルーセルが挙げているのは、戦後に産まれた男女が、ちょうど子どもを産む年齢になったこと。戦後に生まれた男女は、民主教育を受けて、男女関係が変わっていったということです。それからもうひとつ挙げているのが避妊の権利です。

フランスでは一九六七年にヌーヴィルト法でようやく避妊が認められて、中絶に関しては一九七五年に合法化されました。そういう避妊や中絶の権利が、フランスでは女性が子どもを望むときに産むという意味でプラスのほうに働いているのに対して、日本では上野さんもおっしゃいましたけれど、婚前交渉率が増えているにも関わらず、子どもが生まれないという、子どもを産まないというほうに、こうした権利が行使されているというのは、そこもなんかちょっと違うなという気がしました。

私はシモーヌ・ド・ボーヴォワールの研究をしておりますが、彼女が一九四九年に書いた『第二の性』のなかで、「母性」ということに言及して、「母性は尊重しなければならないと言われても、それは結局、結婚している女性の母性でしかなくて、要するに女が男に属しているときだけに母性が尊重されるけれども、そうでないときには尊重されない」というようなことを書いているんです。まさにその通りだと思います。

上野さんが非婚シングルマザーの条件が整えばいいということをおっしゃって、非婚シングルマザーが損をしないような状況ということで、安定雇用を与えるということを挙げられました。これは非常に重要なことだと思いますが、ただやはり幼い子どもを抱えて、同時に働くということは難しいことだと思います。ですから、その間、やはり社会的な補助も必要だと思います。

フランスの場合は、ひとつ数字の例を挙げますと、子ども一人のひとり親家庭、ひとり親家庭でも子どもの数がありますが、一人だけで見ますと、最も収入の多い層一〇％と最も少ない層一〇％では、当初所得に一二倍もの格差があるんだそうですが、これが税引き後になりますと一一倍に減ります。それに先程神尾さんから説明がありました家族給付によって七倍くらいに差が縮小されます。さらにミニマ・ソシオーと総称されている貧困対策の手当、それから住宅補助。そういったものが加わって最終的に二・四倍。つまり所得の再分配が終わったときには、子ども一人の母子家庭の場合、その最富裕層と再貧困層の差が二・四倍にまで縮小されているんです。子ども一人のカップル家庭では、元々が三・五倍の差だったのが二・九倍に縮小されます。これはひとつの例ですが、ひとり親に対する政策的な補助が大きいということの現れではないかと思います。

そういうふうになった場合に、男性は免責されるのかというお話がありましたけれども、二宮先生もおっしゃったように、男性がケアにも参加していって、親としての役割を果たせば、別に男性が排除されるわけではないわけでして。そういうことをしない男性は、逃げて行ってもいいと。つまり最初のボーヴォワールのところに戻りますと、男性に属さないという状況で子どもを産むということができる、そういう状況もあってもいいのではないか。これは決して男性を排除するということではなくて、参加したい父親は自分から参加して父親になるということは可能なのではないかというふうに私は皆さんのお話をうかがいながら思いました。

それでは会場の方もいろいろとご質問があると思いますので、皆さんから幾つか質問を出していただいて、それをそれぞれの先生方に配分してお答えいただきたいと思います。質問のある方、どうぞ挙手なさってください。ああ、ではレヴィさんの手が挙がっているようなので。

クリスティーヌ・レヴィ（会場から） いろいろな話を聞いて、印象的だったのは、フランスと日本ということだけでなく、ヨーロッパでも、例えばフランス、スウェーデンとか、そういう国々、女性の就業率の高い国、つまり子育てと仕事を続けることのできる国は出産率が高くて、ドイツ、イタリアなど、そういう国は日本と同様に低いということ。そういう前提もあると思うんですけれども。

今日の上野さんのお話を聞いて、とても私にとって印象的なのは、三位一体の問題です。フランスでは三位一体は、もう一九六〇年代、特に一九六八年五月以降、それが解体し始めて。しかしその三位一体の代わりに何がでてきたかというと、二位一体です。ですから愛と生殖。セックスは別に、まあどこにあってもいいんですよね。だんだん、それはもう。別に同性愛でもなんでもっていうか。

この革命は、ですからフランスの場合の革命というのは、もちろん性革命というのは七〇年代にもあったと思うんですけれども、それと同時に例えばイレーヌ・テリーっていうフェミニストが強調しているんですけれども、一番大きな革命は、六〇年代以前、フランスには女性はふたつのカテゴリーがあったんです。結婚する女性と、あばずれの女性、三四三人。ボーヴォワールももちろんサインした、中絶を合法化させるために行った運動で、そのサインは、日本語では三四三人のあばずれとはあまり書かれていないんですけれども、フランス語では、その女性たち自身が、有名なカトリーヌ・ドヌーブとか、そういう人たちが、あばずれの三四三人の署名というふうに言ったわけですよね。これがすごく大きいと思うんです。これがひとつです。

ですから三位一体の近代家族に関しての現状というのは、その日本とフランスではだいぶ違う。私から見たら、そこが違うっていう気持ちが強いです。それはどうしてかというと、やはり女性のフェミニスト運動が七〇年代、とても強かったこと、大衆的な形をとったこと。それはさっき言われたように、両立をしたいという気持ちは女性からきていた。だからネオリベの結果としてではなくて、女性たちがそれを希望したっていうのが、とても大きいと思うんですね。それはフランスで起こった大きな変化でした。

それと同時にもうひとつ、シングルマザーのことですけれども。フランスの女性で、シングルマザーになりたいと思う女性は、一%か二%ぐらいです。なりたいと思う女性は、とても少ない。これは例えば有名な社会学者のボルタンスキーが書いた本とか、それから他のミシェル・フェランとか、フェミニストの女性の社会学者のアンケートからも、それからまた他の社会学者からも、よく出てくるんですけれども、シングルマザーになりたいというふうに考えて子どもを作る女性は、とても少ない。ほとんど父親になるパートナーを見つけて、ですから結婚ではないですけれども、愛のある、愛の関係のある人を、それだけ尊重できる父親になる人を見つける。ですから子どもを作りたいというのは、やはりパートナーとの愛の関係か、少なくとも尊敬の関係とか、そういう深い関係が存在しています。そのような関係のない場合に、子どもを作りたいと思うことはまれです。

またシングルマザーになれば損するというのは、日本ほどではないかもしれませんけれども、フランスでもすごく大きな社会的問題です。で、シングルマザーになっている女性たちのアンケートを見ると、どうしてシングルマザーになったかというと、愛、パートナとの愛が無くなったから一人になったというふうになってるのが圧倒的。

ですから、このシングルマザーというイメージが……、確かに一部ではシングルマザーでありながら給料のいい、地位のいい女性もいます。もちろん。しかし、そういう女性でもシングルマザーになりたいからなったというとは限らない。そこのイメージが、ちょっと違うんじゃないかと思います。

また、安定雇用を与えるというのは、これはとても重要だと思います。安定雇用っていうのは、結婚しなくても、もちろん生活できるということですよね。それと同時に、どっちかにしなければならないという選択をなくすのが重要なんじゃないかなっていう。つまり女性が子どもが欲しくなければ欲しくないでいいし、欲しければ欲しいでいいし。ただ、その選択を自由にできるかどうかっていうのが、やはり安定雇用がないと、結婚しても、しなくても、同じじゃないかという気持ちがします。質問よりも、ちょっとシングルマザーのイメージが、理想化されているんじゃないかなっていう気が、少ししました。フランスの場合は、実際はもっと複雑だということですね。

井上　ありがとうございました。今のは質問というよりはコメントで、今日は使用言語が日本語だけということもありまして、フランス人の参加が少ないのは申し訳ないんですけれども、フランス女性からのお話をうかがいました。他に質問のある方は。

増田一夫（会場から）　増田と申します。非常に興味深いお話をいろいろうかがいましたが、そのなかで上野さんと齊藤さんとの間に、若干見解の違った部分があったように思います。それは何かといいますと、上野さんは近代家族が三位一体の上に成り立っているとおっしゃったのに対して、齊藤さんは意思による親子関係の設定ということをおっしゃっている点です。

それとの関連で、親子関係が現在血縁にシフトしている。一種のＤＮＡ至上主義が見られるというお話もありました。それは基本的にはそうなのだろうとは思うのですけれども、フランスでちょっとおもしろいケースがありました。二〇〇七年に与党が移民の家族呼び寄せを制限するために実際に家族であるかどうかをＤＮＡ鑑定によって確認するという政策を打ち出そうとしました。それに対してはかなり強い反対論が起こって、結局は実施には至りませんでした。その時の反対論の根拠のひとつが、家族というのは生物学的な絆によってのみ構成されるのではないということでした。

やや皮肉に、そもそもフランス人にもＤＮＡ鑑定を行ったときに、いろんなサプライズが起こるだろうというような指摘もありました。反対論の発想は、ナポレオン法典の「意思による親子関係」と結びついているような感じがします。

私の質問は生物学的絆に関連した質問ですが、日本では少なくとも戦後、養子はあまり行われなくなっているように思います。最近、朝日新聞の夕刊だったでしょうか、特別養子縁組をめぐるシリーズが連載されていますけれども、それが示唆しているのも日本の血縁主義は非常に強固であって、もう少し特別養子縁組をしてもいいのではないかという方向性だと思います。

それでうかがいたいのは、日本のこの血縁重視というものが、いつごろから始まったのか。恐らく戦前は、養子というのはかなり行われていたと思うのですが、変化が、いつごろ起こったのかをうかがいたいと思いました。

井上 ありがとうございました。じゃあこの質問は上野さんにお願いします。

上野 血縁主義が近代家族の要件かどうかということは、たしかに争点になると思います。エドワード・ショーターによると近代家族には三つの条件、夫婦中心性、子ども中心性、血縁の凝集性があって、日本では養子縁組の激減をもって、近代家族への移行ととらえておりますので、それがいつから起きたかというと戦後であると考えられています。ショーターはイギリス人ですから、フランスにおける家族法が意思主義に則っているとするなら、もしかしたら近代家族パラダイムそのものが、比較文化的に再検討を要求されるかもしれません。これ以上はデータがないのでわかりませんけれど。

井上 よろしいでしょうか。

二宮 ちょっと補足してもよろしいですか。

井上 お願いします。

二宮 日本の養子制度は、元々は家の跡継ぎであるとか、親の老後扶養のために行われていました。親の無い子だとか身寄りのない子、あるいは親族で困っている子を育てたいような場合には、実子としての届け出をする。養子ではなくて、自分の血のつながっている子どもとして届け出をして育てるという、「藁の上からの養子」という慣行があったと言われています。だから小さな子どもを育てる場合には、血のつながりがないといけないという意味での血縁幻想は、かなり日本の習俗のなかにあったのではないかと思われます。

戦後、民法が改正され、未成年養子縁組という類型ができました。一般に養子縁組は、養親と養子が合意して縁組届を出すことによって成立します。子が一五歳未満の場合は、親権者が代わりに承諾します。しかし、自分の配偶者の連れ子であるとか、孫を養子にするような場合以外は、家庭裁判所の許可を得た上で、縁組の届出をするようにしました。子どもを食い物にするような養子縁組を防ぎたいという趣旨です。これは一九五〇年代は、相当数ありました。当時の養子縁組件数の三〇％ぐらいは、こういう裁判所の許可縁組でした。それがどんどん激減して、今は養子縁組が全体で九万件ぐらいあるのですが、未成年の子の許可縁組は一〇〇〇件前後、家裁の審判によって成立し、実親との法律上の親子関係を消滅させる、特別養子縁組が三〇〇件前後ぐらいになっています。そういう意味では、身寄りのない子どもを家庭に引き取って育てるという、子どもの福祉のための養子縁組制度というのが、日本では根づいていないということが言えます。これが血縁原則に基づくものかどうかは、いちがいには言えませんけれども。ただ養子制度とか里親制度を、社会的な子育ての視点からとらえるという考え方ないし思想が、日本社会には弱かったということは言えるのではないかと思います。この場に養子法の専門家の人がおられるので、正確なことは、その方に聞けばいいかもしれません。

井上　その方、発言、もししていただければありがたいですが。

二宮　床谷文雄さんという方がおられるのですが。

井上　いかがでしょうか。どちらに？

二宮　後ろから三番目の方ですね。なんか大学の授業みたいになって、指名してしまった。

床谷文雄（会場から）　養子縁組のとらえ方については、いろいろ私も迷っているところがあるのですけれども。先程言っていただいた藁の上からの養子の話にしても、もっと昔の江戸時代の一生不通養子というような話にしても、血縁が無いということを表に出さないで、実の子として育てるという形で、養子を引き取っているということの意味なのですが、それは血縁を重視しているから、血縁があるかのように装うというふうに見るか、外向きにはそういうふうにするけれども、実は本心は血縁なんかなくてもいいと思うからこそ、そういう形を取るか、これは見方によって二通りあると思うのです。

ですから、日本人の中には血縁というのは形だけであって、本音はそんなに大切なものと思ってないという人たちのほうが、けっこう多かったのではないか、私は、どちらかというと、そちらのほうじゃないかなと思っています。つまり外向きの建前と本音はかなり違うのではないかと思います。

戦後の日本の未成年養子が非常にたくさんあった時代。これは孤児の救済にいろいろと関わっておられた諸団体、いろんな人たちが活躍をして頑張って、非常にたくさんの未成年養子をお世話していたわけですけれども。そういう混乱期が終わってくると急速に減ってしまって。数は先程、二宮さんがおっしゃったような件数にまで今は減ってきています。

私は特別養子はもっと増やすべきだということで、いろいろ学会では発言をしましたけれども、そんな需要は日本の今にはないという厳しい批判を、どちらかというと受けておりまして、日本人は今、養子を求めていないというのが、日本人の一般的な見方ではないか。代理出産のほうは、非常に人気があるけれども、志向があるけれども、養子法とか里親ということについては、あまり関心が向いていないという証左ではないかというように、非常に厳しく言われる方もいます。

井上 ありがとうございました。それではそろそろ時間ですので、最初のフランス女性はなぜ結婚しないで子どもを産むのかということについて、一言ずつ皆さんに話していただいて、おしまいにしたいと思います。

では、上野さんから始めていただければと思いますが。

上野　はい。幾つかのコメントをお聞きして、フランス女性は望んで戦って、そうしてきたんだとおっしゃるので、日本女性も望んで戦ってきたのだが、でも勝てなかったのは、どうしてだろうかと、今、深く考えているところです。

井上　ありがとうございました。ほんとうにそうですね。

それではまた発言順ということで、よろしいですか。お願いします。

小林　フランス女性はなぜ結婚しないで子どもを産むのかということに関する直接の答えはありませんけれども、私以外の講師の方々の話を聞いて思ったのは、先ほど会場の方もおっしゃいましたけれども、今日《こんにち》日本で問題になっているのは女性が産む子どもの数、つまり出生率をどう上げるかということですよね。しかし、出生率を上げようとしていろいろな政策を実行したのでは必ずしも無い。例えば齊藤さんがいわれた夫婦関係と親子関係の体系の分離という話は、それで腑に落ちることがたくさんある大変面白い分析でしたが、こうしたことも、恐らく出生率を上げることを目的にしたのではないと思います。子どもの権利を守るとか、女性の権利を拡大するとか、あるいはもっと別の文化的な背景があるとか。その結果が出生率の上昇につながったということは言えると思うんですけれども。じゃあなぜ日本でできないのか。

例えば、上野さんのような方が、挑発も含めてあれだけ発言をされていて、なぜ日本でできないのか。神尾さんのお話にもありましたけれども、フランスでは協議会のようなものがあって毎年政策を見直して、おかしいところはすぐ直していくというような仕組みがあるのに、日本ではどうしてできないのか。そのことをもっと考えなくてはいけないという気がします。

日本では政策、プランを立てたり、遂行したり、変更したりするのにとにかく時間がかかりすぎます。すぐに「いついつまでをメドに」ということで先延ばしし、そのメドは守られない。おかしい政策がちっとも正されない。政治家はもちろん、我々メディアの人間、あるいは学界の方々、あるいは経済界の人たち、いろんな観点があるでしょう。それぞれに素早い意思決定や思い切りが必要でしょう。あるいは上野さんが問題提起された、個人個人の父親だって家族関係を変えていくという意味では重要な役目を担っています。それぞれが規範にしばられているという問題があるのでしょう。ある官僚に聞いたのですが、下から提案を上げさせると九五％は途中の段階で「前例がない」「規則でできない」「予算がない」の三つを理由につぶされるそうです。そうしたことがなぜはびこっているのか。そういった日本の仕組みを変えることをもっと真剣に考えていかなくてはいけないという気が、今日のお話を通じて非常にいたしました。

井上　ありがとうございました。では小島さん、お願いします。

小島　難しい問題です。私が言っていることではなくて、フランスの国立人口研究所のフランス・プリウーという女性の人口学者が最近、なぜフランスの出生率が高いかという質問に対して言っているんですけれども、フランスは一〇〇年以上にわたって子どもに優しい社会を作ってきたからというようなことを理由として挙げています。確かに、一九世紀末にプロシアに負けてから、その要因のひとつはフランスの人口が少なくて高齢化しているからだとかいう議論があって、その頃からずっと延々と出生促進的な政策とか、家族政策をとってきたということが、あると思います。

あと宗教ですね。これは私の個人的な意見ですけれど、二〇世紀初頭の頃に、企業家を含む社会派カトリックの人たちが労働組合なんかと、立場は違うけれど共同して、そういう家族政策の基礎になるようなことをやってきたわけで、そういうカトリックの伝統というのが、けっこうあるんじゃないかと思います。

それから、フランス・プリウーが誰かと一緒にした分析によると、やはり宗教心が強い人は、結婚して子どもを産む傾向がある。それはキリスト教徒、イスラム教徒に限らずですけれど、そういう傾向があるという結果が出ていますので、まあ宗教の影響というもけっこうあるんじゃないかと思います。

あとここでは政策の影響と言っても、家族政策とかに特化していましたけれども、やはり社会分野全体の政策ですね。例えば二〇〇〇年ぐらいにはオブリ法といって、労働時間を極端に減らすような政策もあったわけですし、家族政策とは限らず社会政策全体がパッケージとして結婚しなくても子どもを産みやすいようにできている。日本よりはできているかもしれないなということがあります。以上です。

井上　ありがとうございました。では二宮さん、お願いします。

二宮　はい。フランスの場合は、婚外子と婚内子の平等化以前から事実婚で婚外子を産む人たちが増えていました。したがって法制度で抑圧を除く前に、社会的な抑圧がもうなくなっていた。それは婚姻以外の生活スタイルを選ぶ人たちの増加によって担保されていたのだと思います。婚外子もほとんどの場合事実婚から生まれており、父母が子育てをしていくという、一定の保障のあるなかで、婚外子が増加したのではないかと認識しています。

私は、日本の場合には、立法府の責任があると思います。少なくとも社会的抑圧を排除するためには、法が関わっていかなければならないと思います。

日本では、議会において家族の問題については、非常に伝統的で古い価値観、主観で論じる人が多く、冷静で客観的なデータに基づく議論をさせないというところに、最大の問題点があると思います。そういう議会、議員を許しているのは、我々自身であるとも言えます。先程お聞きしたところ、フランスでは議会で丁寧に議論するということももちろんですが、例えば、労使の団体交渉が保障されている。経営者と組合がきちんと交渉して、自分たちのことを決めていく。日常的に協議して、自己決定していくような仕組みが日本の中に欠けていることが、フランスと日本との大きな差ではないかと感じています。

井上 ありがとうございました。では齊藤さん。

齊藤 はい。なぜかということについては、一応報告のなかで述べた通りだとは思いますが、なぜ出生率が高いかはわかりません。いろんな複合的な要因があると思うんですが。なぜ婚姻しないかというと、それは繰り返しになりますけれど、やはりカップル関係の規制と、親子関係というのは切れているので、結婚している必要がないということに尽きるかなというふうに思っております。

もちろん、そういうふうに日本でも、ただ分離すればいいかというと、たぶん全然そんなことはなくて、私は報告のなかでは自分の課題じゃないと思って触れておりませんが、やはり決定的には、ジェンダー平等の問題だというふうに考えますので、賃金格差に現れているような、このジェンダー不平等の問題を解決しない限りは、たぶんどうしようもないんじゃないかなということで、それは他のご報告者の方がおっしゃったことに、あるいはフロアから出たご意見に賛成です。

井上 神尾さん、よろしくお願いします。

神尾 はい。フランス女性はなぜ結婚しないで子どもを産むのかということですけれども、やはり一番は、カップル主義というのがフランスにはあるので、結婚はしないけれども、カップルであるから、子どもが産まれているということだと思います。

先程、井上さんが最初に紹介されたように、フランス人は家族に非常に大きな、大切なものという価値観を持っています。日本の場合、四五%ぐらいですけれど、フランスは八六%というすごく高い価値観を家族に持っていて、家族を作るのは子どもだとすると、子どもをもたない限り、幸せにはなれないという、そういう価値観が非常に強く、そして先程レヴィさんがおっしゃった愛と生殖が結びついているということだと思います。日本の場合は、確かに民法とか税法では法律婚以外は認めないんですけれども、社会保障法では事実婚というのがはっきりと条文に書いてありまして、法律婚と同じように扱うことになっています。遺族年金とか第三号被保険者制度もそうですけれども、そのような制度にはなってはいるんです。しかし全体的に見ると、そういう事実婚が民法、税法では認められていないというところには、確かに問題があるのかもしれません。

法律と実態というのは、非常に連動している面もあるし、あまり影響を与えていない面もあります。若い学生たちと、ディベートを時々やるんですけれども、夫婦別姓についてのディベートをやりましたら、圧倒的に若い学生たちは、やっぱり家族は同じ名前じゃないといけないって言うんですね。同じ名前じゃないと家族じゃないんだという、そういうことを言います。ただその時に一人、私もちょっと見た目では気がつかなかったんですけれども、お母さんが中国人である学生がいまして、いや、そうじゃないと。自分のうちは、お母さんは別姓だけれども、家族としてとても仲がいいと。つまり今の日本の現実が社会意識を再生産していて、普通の学生は身の回りの現実が当たり前であり、そこのなかで、心地よい環境のなかで生きているわけですから、そうすると、それ以外の選択肢とか、それ以外の生き方とかいうのがあるんだということに、あまり気付かないという、そういう現実が大きいのかなということを、非常に感じます。以上です。

井上 ありがとうございました。今、皆さんのご意見をうかがって、要するに結婚の形が変わったから出生率が上がるとは必ずしも言えないかもしれないということです。私も、どうも結婚制度が変わっても、あるいはパックスというようなものが、仮に日本にできても、出生率が目ざましく上がるということはないかもしれないと思いました。ただ、最初にパックスができたときには、パックスというのは、事実婚と結婚との間の、いわば二流の結婚だというような批判がありました。その後、小島先生の資料にもありましたが、どんどん法律が変わってきまして、現在は齊藤さんもおっしゃったと思いますが、相続も遺言さえあればまったく同じだし、税制も同じだしということで、違うのは簡単に別れられることだけだというような形になってきているわけです。ご覧の資料のように、パックスと、ユニオンリーブル＝事実婚と、左の端が直接婚。左から二番目がスタンダードな標準的な結婚、つまり同棲を経た後での結婚、これが標準的な結婚というふうに表現されているわけですけれども、その四つで比較したときに、下のほうの性別分業意識のところを見ていただきたいのですが、パックスでは、一番性別分業意識が低くなっているということがわかります。一番分業意識が強いのは直接婚ですね。ここにn＝となっている数字は、調査時のサンプル数なんですが、現実にフランスでは、今、直接婚は一〇％ぐらいで、少数派になっています。

こういうことを見てみましても、あと学歴とかいろいろ比べないといけませんが、パックスは決してもう結婚と事実婚の中間ではなくて、むしろ性別分業意識から離れた、結婚よりも先を行くっていう言い方がいいかどうかわかりませんが、ジェンダー平等、家庭内の平等ということからいうと、むしろ先を行っているわけですね。ですからもし日本でこういう制度ができたら同じようになるとは言えないとしても、たとえ子どもの数が少ししか増えなくても、家族の関係がこういうふうに男女平等の形に変わっていくという可能性があるのであれば、家族が変わって、男女平等な形になれば、女性も子どもを産みたいと思う社会、結婚するかしないかは別として、子どもを産んで、一緒に育ててみたいなと思えるような社会が来るのではないかという夢を持っております。

＊掲載した以外にも会場からいくつかコメントや質問がありましたが、お名前の確認がとれた方のもののみ収録いたしました。

資料：PACS は結婚と事実婚の中間的ユニオンか？

	Mariage direct ou quasi-direct[1)] n=248	Mariage standard[2)] n=822	Union libre[3)] n=467	PACS[4)] n=177
男性	106	372	188	75
女性	142	450	279	102
年齢別				(%)
18〜24歳	17.3	14.6	23.5	21.5
25〜34歳	51.1	58.0	25.4	47.2
35〜44歳	21.7	19.0	23.8	22.3
45歳以上	9.9	8.4	27.3	8.9
学歴				(%)
Bac なし	41.1	37.8	54.5	28.2
Bac(大学入学資格)	15.9	21.2	20.4	24.4
Bac+2年の勉学	42.9	41.0	25.2	47.5
子どもの有無 (%)	49.0	51.7	38.2	30.6
月収				(%)
1600€未満	33.0	20.7	32.5	20.9
1600〜2399€	26.8	26.1	25.2	15.9
2400〜3199€	17.1	29.4	19.0	24.6
3200€以上	23.2	23.8	23.3	38.5
性別分業意識				(%)
「学齢前の子どもは、母親が職業をもっていることでつらい思いをしている」に賛成+どちらかと言えば賛成	52.3	42.3	42.4	34.6
男性	61.3	43.2	43.2	33.2
女性	44.7	41.3	41.7	36.2
「家事（食料の買い出し、食事の準備、後片付け、掃除、アイロンかけ）の分担について」、うち最低4つを女性が担当している	33.3	25.9	36.7	17.4
男性	30.6	23.1	36.9	9.5
女性	35.6	28.9	36.4	25.0
男女の補完性についての意識				(%)
「同性愛カップルも異性愛カップルと同等の権利を享受すべきである」に賛成+どちらかと言えば賛成	36.7	53.1	49.9	61.7

作成：井上たか子

参照：Sandrine Dauphin, Les transformations de la conjugalité, *Dossiers d'Études,* n° 127, CNAF, 2010

注1)：Mariage direct ou quasi direct : 同居生活なしで、あるいは同居生活1年未満で結婚したカップル、あるいは近いうちに結婚する予定のカップル248組

2)：Mariage standard : 標準的結婚（1年以上の同居生活を経て結婚、あるいは結婚予定のカップル822組）

3)：Union libre : 同居生活1年以上、あるいは solo（結婚も同居もしていないカップルのこと。英語では LAT : living apart together）2年以上で、3年以内に結婚する意志のないカップル467組

4)：PACS : すでに登録した、あるいは3年以内に登録する予定のカップル177組

1)，2）の結婚の時期は、PACS 制定後の1999年11月末以降に限定。

2)，3)，4）については、同居開始1995年以降、solo 開始1994年以降のカップルを対象。

あとがき

この本の出版準備をしているあいだに、フランスでは社会党のフランソワ・オランド氏が大統領に選出され、〝ファーストレディー〟になるのが事実婚のパートナーだということで、日本でも話題になった。「普通の」大統領をめざすオランド氏だが、フランスでは事実婚も「普通」であることを印象づけたのではないだろうか。また、三月に就任したドイツのガウク大統領も事実婚なのだそうで、ドイツでもオランド氏の例と合わせて、「私たちは正式な婚姻関係を求める考え方を変えるときかもしれない」と報じられたそうだ。ヨーロッパでのこうした動向は、この本のテーマを読者にとってより身近なものにしてくれたかもしれない。

言うまでもないが、私たちはこの本によって、結婚せずに子どもを産むことを奨励しようとしているわけではない。ただ、婚姻規範に囚われることにどれだけの正当性があるのかを再検討したいと考えたのだ。どんな社会にも規範はあるが、それが人々の自由を妨げたり、不平等を助長するものになっているとしたら、考え直す必要があるのではないだろうか。本書では少子化、高齢化、人工中絶、生殖技術、養子縁組、婚外子差別、税制、育児休暇、子ども手当、男女差別、性別分業などなど、争点が多岐にわたっているが、「結婚しないで子どもを産む」ということは、それだけ複雑な問題を含んでいる。考えるのは読者一人ひとりであるが、この本に執筆いただいた各分野の専門家の考えが話し合いのきっかけとして役立てば幸いである。

私自身、再考の過程で痛感したのは、「事実婚」にしろ「婚外子」にしろ、「非婚」にしろ、婚姻制度を批判する表現がすべて「婚＝夫婦になること」を基準にした言葉だということへの違和感であった。私たちは言葉をつかって考えるのに、新たな考えを表現するための言葉自体が古い考え方に根強く支配されているのである。「ひとり親家庭」という表現も、子どもの側からは適切でない。子どもにはかならず両親がいるのだから。また、この本では十分に展開できなかったが、フランスでは離婚／離別の増加にともなって子連れでのパートナー形成（再構成家族）も増加している。それにともなって、子どもの親は生物学的な両親のほかにももっと存在することになる。さらには、両親がかならずしも異性ではない同性親 homoparentalité も現実の問題になってきている。フランスではまだ同性婚は認められていないが、来年初めには合法化するというジャン＝マルク・エロー首相の発言も報じられている。ちなみに、ヨーロッパではすでに、オランダ（二〇〇一年）、ベルギー（二〇〇三年）、スペイン（二〇〇五年）、スウェーデン（二〇〇九年）などで、同性婚が認められている。

「第三の近代家族」は、どこに行きつくのだろうか。

本書は、「はじめに」でも記したように、昨年一一月に東京日仏会館で開催した日仏講座を出発点としているが、出版に際しても資金援助をいただいた。ここに記して、感謝したい。特に、会館副理事長の廣田功氏には企画段階から大変お世話になった。他にも、一人ひとりのお名前は記さないが、多くの方に協力いただいた。心からお礼を申し上げる。最後に、勁草書房編集部の関戸詳子さんには、柔軟かつ綿密な心遣いで格段の労を執っていただいたことに心からお礼を申し上げたい。

二〇一二年盛夏

井上たか子

執筆者略歴（執筆順）

小林省太（こばやし・しょうた）

日本経済新聞論説委員兼編集委員。日本経済新聞ウィーン支局長、パリ支局長、文化部長などを経て2007年から論説委員。社会、文化、フランス問題などのほか、コラム「春秋」担当。

小島宏（こじま・ひろし）

早稲田大学社会科学総合学術院教授。国立社会保障・人口問題研究所国際関係部長などを経て現職。比較人口学専攻。訳書にブルデュー『結婚戦略』（共訳、藤原書店、2007年）、編著に『歴史人口学と比較家族史』（早稲田大学出版部、2009年）など。

二宮周平（にのみや・しゅうへい）

立命館大学法学部教授。日本学術会議連携会員、ジェンダー法学会理事長、日本家族（社会と法）学会理事。主要著書に『家族と法』（岩波新書、2007年）、『家族法〔第3版〕』（新世社、2009年）など。

齊藤笑美子（さいとう・えみこ）

茨城大学人文学部准教授。憲法・ジェンダー法学専攻。訳書にロランス・ド・ペルサン『パックス——新しいパートナーシップの形』（緑風出版、2004年）、編著に『性的マイノリティ判例解説』（信山社、2011年）など。

神尾真知子（かみお・まちこ）

日本大学法学部教授。労働法、社会保障法専攻。主要論文に「子育てしやすい国・フランス——選択の自由を保障する家族政策」（都市問題研究平成23年秋号）、「フランスの子育て支援：家族政策と選択の自由」（海外社会保障研究160号）など。

井上たか子（いのうえ・たかこ）

獨協大学名誉教授。訳書にボーヴォワール『決定版　第二の性〈1〉事実と神話』（共訳、新潮社、1997年）、クリスティーヌ・デルフィ『なにが女性の主要な敵なのか——ラディカル・唯物論的分析』（共訳、勁草書房、1996年）など。

上野千鶴子（うえの・ちづこ）

NPO 法人 WAN 理事長、立命館大学特別招聘教授、東京大学名誉教授、日本学術会議会員。著作に『近代家族の成立と終焉』（岩波書店、1994年）、『女ぎらい——ニッポンのミソジニー』（紀伊国屋書店、2010年）、『ケアの社会学——当事者主権の福祉社会へ』（太田出版、2011年）など多数。

フランス女性はなぜ結婚しないで
子どもを産むのか

2012年10月25日　第1版第1刷発行

編著者　井《いの》　上《うえ》　たか子《こ》

発行者　井　村　寿　人

発行所　株式会社　勁《けい》　草《そう》　書　房

112-0005　東京都文京区水道2-1-1　振替　00150-2-175253
電話（編集）03-3815-5277／FAX　03-3814-6968
電話（営業）03-3814-6861／FAX　03-3814-6854
港北出版印刷・青木製本所

ISBN978-4-326-65378-2　　Printed in Japan